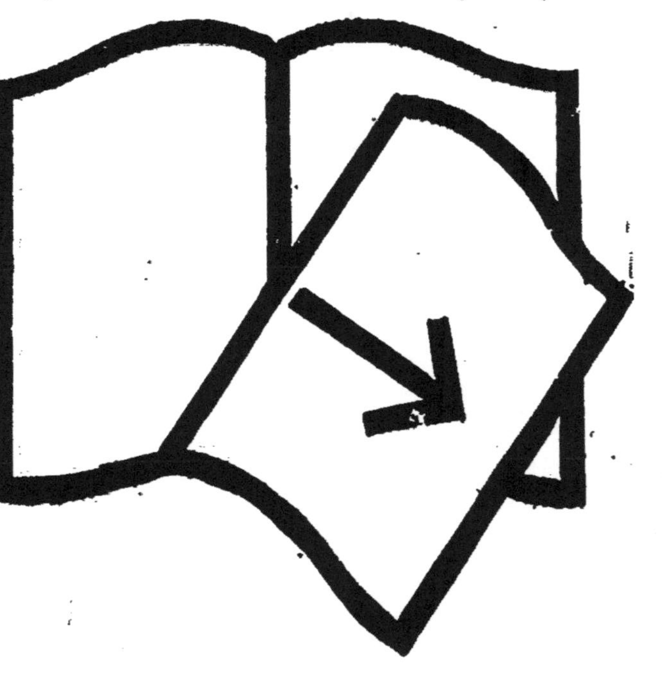

Couverture inférieure manquante

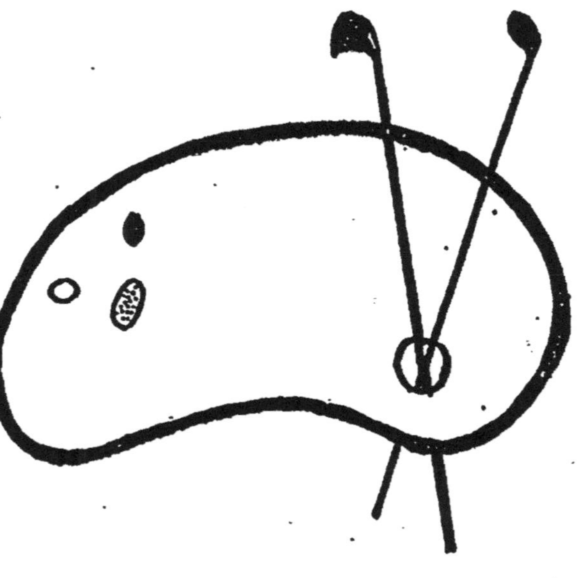

DEBUT D'UNE SERIE DE DOCUMENTS
EN COULEUR

+ Un exemplaire complet

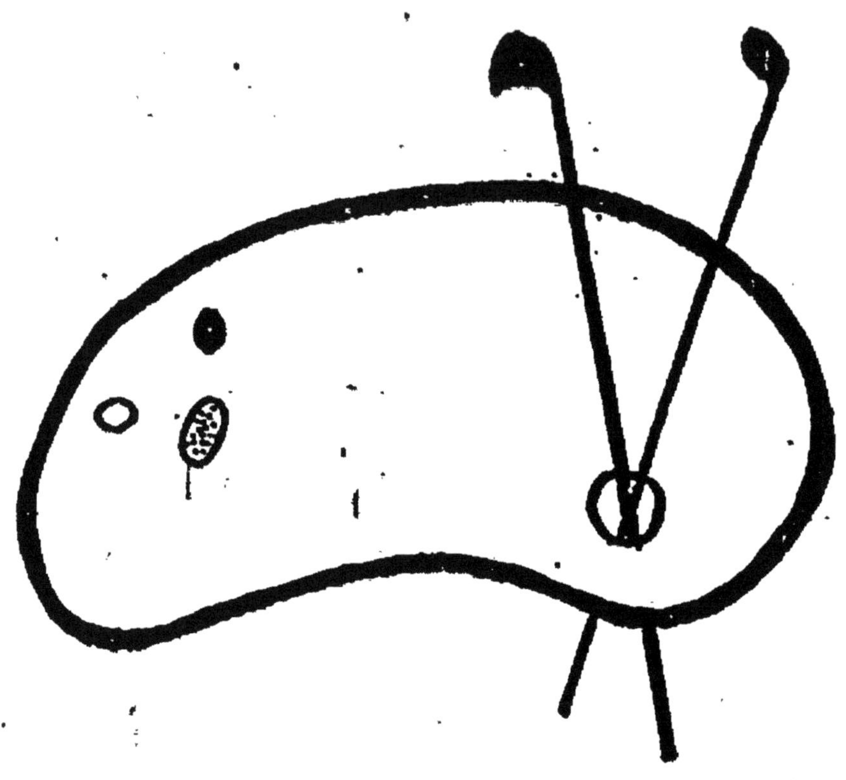

FIN D'UNE SERIE DE DOCUMENTS
EN COULEUR

NOTES DE ROUTE

OUVRAGES D'ISABELLE EBERHARDT

Trimardeur, roman. — Collection de l'Akhbar, Alger.

Nouvelles Algériennes. — Collection de l'Akhbar, Alger.

Notes de Route. — Un vol. in-18, Eug. Fasquelle, édit., Paris.

Dans l'Ombre chaude de l'Islam (En collaboration avec M. Victor Barrucand). — Un vol. in-18, Eug. Fasquelle, édit., Paris.

ISABELLE EBERHARDT

NOTES DE ROUTE

MAROC — ALGÉRIE — TUNISIE

PUBLIÉES AVEC UNE PRÉFACE

PAR

VICTOR BARRUCAND

ILLUSTRATIONS

DE

G. ROCHEGROSSE, E. DINET, M. NOIRÉ, P. BONNARD

PARIS
LIBRAIRIE CHARPENTIER ET FASQUELLE
EUGÈNE FASQUELLE, ÉDITEUR
11, RUE DE GRENELLE, 11

1908

PRÉFACE

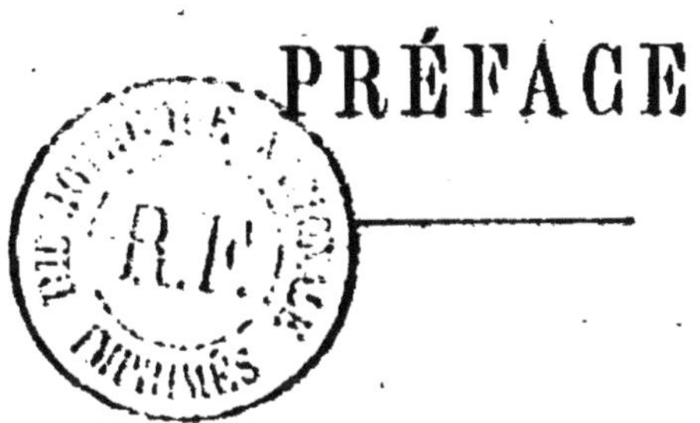

Par un beau soir de printemps africain, nous fumions lentement des cigarettes sur la terrasse de notre Télemly, et nous disions sans entrain des choses d'Europe en compagnie de quelques hiverneurs qui cultivaient leur fatigue à Alger.

C'était devant la baie où le soir avait fini comme un jour plus bleu. Notre attention paresseuse s'y tonifiait aux projections électriques des cuirassés qui, par jeu, semblait-il, s'éventaient de lumière ; et nous humions aussi, avec notre petit brouillard de tabagie, les aromes brûlés des roses et des jasmins qui, par bouffées, montaient du jardin creux, caché dans une fissure du vallon.

Il y avait parmi nous, arrivée depuis peu d'un Sud-Oranais encore dangereux, cette jeune femme russe qui a passionné toute l'Algérie par ses aventures et par sa mort tragique.

Tout de suite elle avait apporté dans notre cercle, en dépit des meubles du tapissier et de nos mouvements trop stricts, un peu d'atmosphère saharienne et d'ampleur nomade.

Drapée aux plis de son burnous sévère, coiffée comme d'une tiare assyrienne du haut turban à cordelettes fauves, bottée en cavalier filali, d'un vrai style sans équivoque, elle se souleva du coude parmi les coussins épars où elle rêvassait couchée, et dit en manière d'objection évasive à la théorie qui semblait admise :

— L'horreur de l'esclavage et de la soumission nous paraît un des plus beaux sentiments ; nous en vivons, nous en créons notre progrès ; à certains moments je me suis demandé pourtant si ce n'était pas là un fruit d'Occident, une graine politique dont la culture restera toujours localisée... Les femmes n'ont pas encore admis que le bonheur résidât dans la liberté, car elles étaient naturellement portées à comprendre ce que peut être la responsabilité.

Elle se leva, déjà excitée par sa parole, fit quelques pas dans la pièce ouverte sur la mer et secoua sur le balcon avancé sa pipette de kif.

Ses gestes avaient beaucoup d'aisance. Elle était grande, sans lourdeur, moins de poitrine qu'une amazone, l'air encore très jeune avec un front bombé d'entêtement qu'éclairait un regard à éclats contrastant avec ses poses lentes et l'aristocratie reposée de ses mains.

Elle continua, distraite, en jouissant de notre attention :

— Je sens qu'il y a dans l'âme russe beaucoup de profondeur sentimentale, à cause justement de son mutisme et de sa servitude. Cependant j'ai voulu que, pour moi du moins, la liberté ne fût pas un vain mot, et je l'ai prise tout entière. Quand j'ai quitté la vie d'étudiant, ce fut pour les aventures de la route. Une sorte de vagabondage m'a conduite des steppes russes aux sables sahariens, en passant par des capitales. C'est que ma soif d'affranchissement ne supportait pas d'attendre. Un jour cependant je devais goûter la saveur de l'obéissance et la volupté de la soumission.

Ces paroles, qui tranchaient sur le ton de la conversation, ne nous étonnèrent pas trop, car nous connaissions le passé de notre amie, son goût du naufrage et du navrement. Elle avait bien quelque droit à s'exprimer ainsi, puisqu'elle avait su moderniser, sans aucun faste romantique, l'allure héroïque et dégagée d'une lady Stanhope.

Avant ce qu'elle appelait son « chant du Sud » elle avait pu, sous des costumes d'emprunt, noter et mimer d'autres poèmes. Elle avait passé par des sentiers difficiles sans trop s'accrocher aux épines. Mais ce qui n'était tout d'abord que le jeu de sa souplesse slave devait devenir bientôt une inquiétude chronique. Elle ne savait plus se fixer. Cette errante pouvait certainement nous parler de la liberté.

Sa dernière transformation, qui semblait définitive, avait fait d'elle un nomade des Hauts-Plateaux, incapable de se tenir sur une chaise et préférant coucher sur la terre que dans un lit.

Quel nouveau roman nous promettait-elle ?

Sa voix, oublieuse des fortes gutturales arabes, se fit plus alerte et légèrement grasseyante d'accent parisien :

— Pour étudier de près les mœurs du Sud-Oranais, et par goût de l'espace, j'aurais voulu être le convoyeur de caravane qui, chaussé de la sandale de peau, règle son allure sur celle de ses bêtes et, les mains nouées aux bouts de son bâton posé en travers sur sa nuque, marche la poitrine dilatée vers l'horizon profond. Mais, comme on n'atteint pas du premier coup à la perfection nomade, je me contentais de mener une sorte d'indolente vie militaire parmi les goumiers de Beni-Ounif.

Le chef d'annexe était un garçon fort intelligent. Il avait su tout d'abord, et lui seul, que j'avais la toquade d'écrire. Cette manie pouvait à ses yeux en excuser bien d'autres. Les mokhazni avec qui je campais n'avaient fait à mon choix aucune objection, et m'avaient bien accueillie quand je vins à eux, initiée de la confrérie des Kadriya en rupture de zaouïya.

Je ne vous dirai pas que mon incognito pouvait tromper longtemps les autres officiers du bureau arabe. Mais ceux-là n'étaient pas mêlés à la petite garnison d'Ounif. Ils vivaient à part, dans leur annexe, avec des préoccupations plus nombreuses d'organisation et de politique locale. Ces sudistes devaient naturellement comprendre bien des choses romanesques ou irrégulières. Franchement je leur avais raconté ma fuite au désert, par dégoût des misères désolantes, par indifférence aux joies sans beauté. Mon cas les avait intéressés, et ils m'en avaient gardé le secret sans m'exposer aux quolibets de la Légion. Je continuai donc, comme il me plaisait, à mener la vie insouciante de mes compagnons fatalistes, en les maintenant facilement dans la considération que l'ignorant bédouin accorde toujours au lecteur du Livre.

— —

Beaux jours de sable et de soleil ! Rien d'amer ne soulevait mon cœur. J'avais trouvé le fond de ma respiration morale. La force joyeuse de la terre était en moi. Je me sentais immortelle, et si riche dans ma pauvreté !

Après les battues et les randonnées dans le pays sombre de Ben-Zireg, le soir, sous les tentes aplaties par l'espace, quand les dernières notes du clairon avaient agrandi le silence, nous nous couchions près des chevaux entravés aux piquets et qui mâchaient lentement leur poignée d'orge. Rien ne marquait plus l'heure. Bien souvent j'aspirai l'air annulé comme si le temps s'était arrêté. Je me souviendrai toujours de ces veillées si calmes dans une atmosphère de danger. Nous arrosions nos galettes azymes de nombreuses tasses d'un thé à la menthe préparé sur un feu d'alfa et d'épines, et nous restions longtemps à écouter le vent. Près des brindilles éteintes, commençaient alors d'interminables récits de la plus vague géographie, mais je savais toujours y mêler à point la citation attendue qui donnait au récit l'estampille de la vérité éternelle. Si complète est la discrétion musulmane qu'on ne me demandait rien de plus.

Les officiers, tout en affectant de me traiter comme les autres indigènes, avaient pour moi quelques attentions où la galanterie blessante n'entrait pour rien. Mais le moyen de faire la cour à une femme qui a des bottes ? Peut-être abusaient-ils un peu du tutoiement. Je n'y voulais prêter aucune attention, car leur désir de favoriser mes observations et, je pense aussi, l'amusement de savoir qu'une femme menait, à côté d'eux, la vie du soldat saharien, constituait à nos yeux une couleur suffisamment neutre. Officiellement et sans pose je continuais donc à être Si Mahmoud.

Deux mois passèrent ainsi dans une équivoque que peu de femmes auraient choisie et qui gardait pour moi beaucoup de charme.

A la longue, en dehors des propos libres de notre état, j'avais cru distinguer plus que de la curiosité et autre chose que du libertinage dans les sentiments du lieutenant qui commandait notre goum.

Il était d'esprit fin et attristé, entêté sous une apparence de douceur. Par plaisanterie je l'appelais « tête de Breton ».

Cependant je profitais de la connaissance de son caractère et de sa sympathie pour obtenir de lui des permissions de courses et d'explorations dans le Grouz. Les Ouled-Djerir tenaient encore la montagne et je m'amusais à constater les inquiétudes que je causais. J'aimais à jouer avec le danger et aussi avec le sentiment. Cela mouvementait un peu la vie quotidienne.

Un jour que je blaguais notre petit lieutenant sur sa mauvaise humeur et sur sa susceptibilité dans le service, il voulut reprendre l'avantage et me dit avec quelque brusquerie :

— Si Mahmoud, écoutez bien : quand on a voulu une règle, il faut savoir s'y soumettre ; il faut avoir du plaisir à obéir...

— Et à désobéir, pensais-je, en le regardant avec un défi et un sourire.

Ce fut un éclair. Il baissa les yeux, sentant le choc des volontés. Mais, reprenant vite son assurance, il ajouta dépité :

— Demain, nous partons en reconnaissance sur Béchar. Il y aura du danger ; vous resterez ici.

Je ne vis dans ce propos qu'une excitation à sauter en selle.

— Si vous partez sans moi, je vous rejoindrai seule, car je ne suis pas venue ici pour raccommoder les burnous.

Le lendemain, à la pointe du jour, le goum harnaché et en désordre se trouvant groupé devant la redoute, notre lieutenant me désigna à la garde du camp, en compagnie de deux Hamyani au profil busqué, qu'il voulait punir à cause d'une rixe.

L'ordre était formel. Il avait été donné en arabe, devant tous les cavaliers, et nous nous étions aussitôt séparés du peloton qui allait partir.

Sans parler du risque que je ne redoutais guère d'être fusillée pour avoir déserté mon poste, je savais très bien le danger que j'allais courir en partant seule à travers un pays insoumis, à l'époque des grandes caravanes de novembre qui tentent l'appétit des rôdeurs. Mais un instinct de perversité et d'indépendance me poussait. Je regardais notre chef bien en face, en lui tenant l'étrier, au moment qu'il montait à cheval. Il comprit que je viendrais et enfonça ses éperons dans le ventre de sa jument ardente qui se cabra et dansa sans vouloir franchir la porte de la redoute. Mais le cavalier lui rendit la main, la flatta sur l'encolure ; elle regimbait encore, quelques mots la calmèrent ; elle s'enleva d'un seul bond encore frémissante et rejoignit le goum, qui s'éloignait dans un poudroiement de sable et de lumière.

Vers le soir, comme je l'avais dit, je réussis à rejoindre les mokhazni suivis à la trace jusqu'au poste de Bou-Ayech. Le lieutenant avait fait dresser sa tente sous les lentisques qui contrastent en cet endroit avec l'aridité pierreuse de la hamada.

Quand il me vit venir, il eut soin d'éloigner son cavalier de service, sous prétexte de prendre connaissance des instructions que je lui apportais.

— Si Mahmoud, tu t'es conduit comme une femme et je devrais te traiter comme une femme... demain matin tu partiras.

— Non, lui dis-je, j'irai coucher dans le bled, la tête sur mon fusil ; demain matin vous me retrouverez... Si vous êtes au danger, je veux y être aussi. Je ne suis venue ici que pour ce service-là.

Il me regarda fixement, les dents serrées, et je vis qu'il se troublait. Mais son hésitation fut de courte durée.

— Soit ! dit-il, tu nous suivras en homme et même en prisonnier, à pied, et le poignet attaché à la selle d'un cavalier. Va, Si Mahmoud, tu dois apprendre à obéir.

J'étais cruellement blessée dans mon amour-propre. Toute la nuit je pleurai sous le ciel profond, dans le silence de notre halte. Je me sentais si seule et si dévoyée ! Mais quand le jour se leva avec des clartés marines qui baignaient la grande plaine nue d'une étrange douceur, je sentis renaître en moi une autre âme et je compris que mes forces ne me trahiraient pas.

L'ordre donné fut exécuté impitoyablement. Pendant des heures et des heures, sous le soleil rouge, les pieds meurtris par les pierres volcaniques, entre deux cavaliers, les poignets enchaînés, je suivis la colonne qui marchait vers l'Antar, dressé en éperon de cuirassé fantastique à l'horizon.

Le lieutenant ne se retourna pas une seule fois vers moi. Il savait pourtant que je l'implorais du regard et que j'étais une femme. Il allait devant lui avec un air renfrogné qui m'enrageait et m'amusait. Les cavaliers du goum chantaient isolément, comme en répons, les uns après les autres, avec de lourds repos accablés, des mélopées de tristesse presque sans paroles et longtemps tenues sur une note haute.

Je n'essayerai pas de définir les sentiments qui m'agitaient. Il s'y mêlait de l'humiliation, de la révolte et la saveur d'une sensation nouvelle, infiniment douce, qui jamais n'avait pénétré l'enveloppe de mon âme.

Ce petit lieutenant, que j'avais toujours plaisanté et dominé, commençait à me devenir autrement sympathique.

Le soir, il me fit amener devant sa tente, m'offrit un pliant, un verre d'anisette espagnole et une cigarette.

— Maintenant, dit-il, avec une singulière pénétration, nous sommes, je l'espère, tout à fait camarades et nous pouvons causer.

Pas une allusion ne fut faite à la punition que j'avais cherchée. Notre orgueil réciproque était satisfait. J'avais mis le mien à accepter la règle militaire sans atténuation. Le lieutenant croyait bien que, de son côté, il avait pu surmonter un sentiment de faiblesse. Dans ces dispositions, nous sentions se développer entre nous les germes d'une bonne et solide amitié, qui fut en effet durable, pour cette raison-là et pour quelques autres...

Pendant ce récit, la nuit s'était faite plus chaude à cause d'un peu de siroco dissous dans l'humidité du littoral. Nous restions alanguis sous la caresse du vent du Sud, étonnés et silencieux. L'un de nous se hasarda pourtant à rechercher la moralité de ce récit.

— Si Mahmoud jouait au soldat, mais cela n'a duré qu'un temps.

— Croyez-vous que ce n'était qu'un jeu ?...

Mais elle ne se souciait pas d'en dire plus, et se remit à fumer le kif, le regard perdu aux lignes du tapis, pendant que les feux électriques fouillaient la profondeur de la nuit africaine.

... Et Si Mahmoud (Isabelle Eberhardt) partit de nouveau, peu de temps après, pour un nouveau séjour dans le Sud-Oranais. Elle n'en devait pas revenir. Sa tombe est au cimetière musulman d'Aïn-Sefra.

Ce champ des morts arabes, planté de pierres aiguës, s'incline vers une bourgade militaire aux cambuses fumantes ; il soulève d'un renflement ou d'une aspiration la petite ville européenne qui semble si aplatie, si insolite dans le grand cirque désolé où luttent contre la montagne les premiers arbres du Nord et les derniers palmiers du désert.

Si le voyageur averti porte ses pas dans ce cimetière ignoré, qu'il s'arrête en passant devant le modeste monument élevé à la mémoire de la jeune femme écrivain dont nous rassemblons ici les notes de route, à commencer par ce Sud-Oranais qu'elle a su voir et qui vivra par elle.

En racontant sa mort héroïque, dans la ruine du village dévasté par les eaux, ceux qui l'ont connue ajoutent avec un peu de pitié qu'elle ne pouvait pas finir autrement.

Ne la plaignons pas trop. Elle avait peur du lit d'hôpital et de la chambre du malade pauvre, dans les villes fastueuses que secoue la trépidation du progrès.

Mourir dans l'air le plus pur du monde, dormir dans les plus fines lumières d'altitude, parmi les peupliers pâles et les trembles argentés, dressés sur la dune fauve comme de gigantesques asphodèles, ce fut sa destinée. Elle venait ici sans le savoir, ou peut-être le savait-elle. Maintenant elle repose loin de l'agitation des villes en travail, devant le ksar saharien le plus caduc, près des habitations de poussière qui retournent à la terre, à quelques pas du grand marabout blanc où les femmes stériles vont en pèlerinage au jour de l'Aït-el-Kébir.

Nous avons touché sa demeure dernière. Nous y sommes venus par des petits chemins poudreux, qui se glissent entre des murailles croulantes, qui serpentent derrière les troncs des figuiers, entre des carrés d'orge ourlés d'un bourrelet d'argile. Nous arrivions à sa tombe effacée et pourtant orgueilleuse d'être si loin du monde et creusée dans le sable ! Isabelle Eberhardt repose entre deux dalles de pierre noire et sa tête est tournée vers l'Orient.

Ce pauvre cimetière musulman, pur et beau comme la mort, dévale en pente assez brusque jusqu'au village. Le jour que nous y vînmes pour la première fois, une voyante population de fête s'y pressait. Les femmes portaient de beaux foulards éclatants sur leur front bruni, des enfants se roulaient sur le sol, un éphèbe arabe y passait à grande allure sur un étalon blanc au poitrail rosi de henné et qui soulevait le sable du galop de ses quatre pieds....

Les impressions du Sud-Oranais que nous publions aujourd'hui sont de 1903, quand le village européen de Beni-Ounif, près de Figuig, commençait à peine à sortir de terre.

Isabelle Eberhardt, au retour de son premier voyage, fit paraître ses notes en feuilleton dans l'*Akhbar*. Elle en reprit ensuite le texte, modifia quelque peu sa première rédaction en vue d'un volume qu'elle projetait et l'augmenta d'une deuxième partie. Le tout composait le manuscrit qui fut retrouvé dans la vase d'Aïn-Sefra. Très altéré, illisible ou détruit, ce manuscrit n'offrait aucune suite dans ses cent dernières pages. Dans ces conditions, nous n'avons pu que nous inspirer de la deuxième partie de ce « Sud-Oranais » pour le livre que nous avons intitulé *Dans l'ombre chaude de l'Islam*, et qui prête à Isabelle Eberhard les réflexions de son caractère. Mais les notes de route qu'on va lire ont été écrites par elle-même, à des époques différentes, dans les haltes de ses voyages. Elles sont l'expression directe de sa personnalité littéraire.

La première partie du manuscrit d'Aïn-Sefra a pu être facilement reconstituée, grâce aux notes de 1903.

Avec la version publiée du vivant de l'auteur, nous nous sommes souvent trouvés devant deux rédactions à peine différentes l'une de l'autre, mais qui pouvaient aussi présenter des variantes dignes de remarque.

Nous avons cru devoir en rappeler quelques-unes.

Deux chapitres inédits et très développés sur les oasis de Tiout et de Sfisifa n'ont pu être reconstitués. Il n'en restait que quelques lignes, que nous avons reproduites. Nous tenions à signaler l'importance du chapitre de Tiout, car il portait aussi, semble-t-il, toute une biographie de la famille de Si Mouley, le noble agha de Tiout, pour qui Isabelle Eberhardt avait beaucoup de respect et d'affection, et l'étude de ces physionomies sahariennes devait être fort intéressante.

Les deux versions de « Sud-Oranais » ont été publiées dans l'*Akhbar*, la première en 1904, la deuxième en 1906, et c'est dans la comparaison de ces deux textes qu'on pourrait rechercher la méthode de travail d'Isabelle Eberhardt. Il lui arrivait, en recopiant, de sacrifier des détails qu'on regrette pour adopter une tournure de phrase plus facile. C'est qu'elle tenait beaucoup à la simplicité.

Pour compléter les notes de route de notre auteur, nous avons joint à ses impressions marocaines de Figuig celles d'Oudjda, puis des notations algériennes et des pages qui rappellent ses premières excursions en Tunisie. Nous avons pu, enfin, relever dans ses cahiers et dans les papiers qu'elle nous laissa, des souvenirs sahariens et des indications morales.

Les notes qu'Isabelle Eberhardt prenait pour elle-même expliquent sa véritable nature, rêveuse, enthousiaste et fataliste. A part ses « journaliers », elle nous a conservé peu de réflexions. Elle aimait surtout à décrire et voyait admirablement.

Ses confessions sahariennes montrent d'ailleurs que sa vie compliquée cachait une âme simple et très pure, agitée par sa race, par les accidents d'une vie orpheline et les misères de maintes épreuves, mais assez forte pour se ressaisir et ne demandant qu'à s'isoler pour retrouver sa transparence.

Rien de compliqué, rien d'alambiqué dans ces notes de jeunesse prises en marge des flâneries et des chevauchées. Pas de clinquant étranger, pas de pose irritante. Isabelle Eberhardt se montre directe et franche dans sa manière d'écrire. Et comme sa pensée intime est toujours fortifiante, toujours conseillère d'élévation, il nous a paru qu'elle devait être publiée, pour que la vitalité d'une existence trop rapide se prolongeât encore quelque temps dans l'esprit de quelques uns.

VICTOR BARRUCAND.

SUD-ORANAIS

Départ d'Alger

Aïn Sefra, fin septembre 1903.

Les derniers jours de l'été s'égrenaient monotones. Sous l'accablement d'un ciel sans nuages, Alger dormait. Les rues, où les passants étaient rares, semblaient plus larges, et des essaims de mouches bleues bourdonnaient dans l'ombre brève des maisons. Les collines de Mustapha se voilaient de poussières ténues, et les blancheurs laiteuses de la haute ville s'éteignaient. Là, pourtant, dans les ruelles étranglées, la vie continuait ardente, ivre de lumière et de couleur, avec les étalages de fruits et d'étoffes, et le chant pensif des rossignols captifs devant les cafés maures.

Un lourd ennui pesait sur Alger, et je me laissais aller à une somnolence vague, sans joie et sans chagrin, et qui, sans désirs aussi, aurait pu avoir la douceur de l'anéantissement.

Tout à coup, le combat d'El-Moungar survint, et, avec lui, la possibilité de revoir les régions âpres du Sud : j'allais dans le Sud-Oranais, comme

2*

reporter... Le rêve de tant de mois allait se réaliser, et si brusquement !

Le long voyage en chemin de fer, à travers tout l'ouest et le sud-ouest de l'Algérie, fut charmant.

Dans la première émotion joyeuse du départ, j'eus quelques heures de repos et de rêverie.

Il est ainsi, à certaines époques de la vie, des instants où rien d'extraordinaire ne survient, mais qu'on n'oublie jamais dans la suite, car ils sont d'une indicible douceur.

C'était à Perrégaux, où il faut attendre le train d'Arzew qui descend vers le Sud.

Perrégaux n'est qu'un bourg espagnol serti de grands jardins verts, au milieu d'une immense plaine fertile. Pourtant, ce coin très quelconque du Tell algérien me parut souriant, presque beau.

Le jour déclinait, limpide, sur le calme de la campagne. Une haute colline barrait l'horizon qui s'allumait peu à peu. Au sommet, il y avait une petite chapelle de Sidi Abdelkader de Bagdad, qui semblait toute rose, entre quelques silhouettes d'oliviers gris. Là, dans l'herbe desséchée, des pierres brutes se cachaient : le cimetières musulman, un lieu de mélancolie calme, sans rien de funèbre.

... Le soir, j'allais m'étendre sur une natte,

devant un café maure. A côté, au-dessus de la porte cochère d'une hôtellerie espagnole, on lisait en gros caractères maladroits : *Defendido entrar gitanos*, « entrée interdite aux gitanes ».

En face, un mur nu se profilait sur l'opale rose du couchant. Accroupis à terre, des Arabes nomades rêvaient. Dans l'air chaud, des senteurs connues traînaient, les senteurs du pays bédouin, aux soirs d'été : fumée de thuya ou de genévrier, odeurs de peaux de boucs, de goudron, de chairs bronzées en moiteur. Et moi, je goûtais la volupté rofonde de la vie errante, la joie d'être seule, inconnue sous le burnous et le turban musulmans, et de regarder en paix le jour finir en des lueurs rouges sur la simplicité des choses, dans ce village où rien ne me retenait, et que j'allais quitter à la tombée de la nuit.

Après, ce furent de nouveau des heures longues à la fenêtre du wagon, à travers des pays toujours lus déserts et plus âpres, à mesure que le petit in lent descendait vers le Sud.

Des villages et des bourgs passèrent dans la uit lunaire, rapides, furtifs, comme des visions.

Vers le milieu de la nuit, ce fut la triste Saïda, où tant d'épaves humaines viennent chercher l'oubli sous la capote anonyme de la légion étrangère. Puis, la rude grimpée des hauts plateaux, sur la voie en lacets. Les deux machines du train s'essoufflaient, hoquetaient comme des bêtes poussives.

En haut, à l'entrée de l'immense plaine nue, deux marabouts jumeaux semblaient monter la garde.

Des haltes en rase campagne, pour des villages qu'on ne voyait pas ou pour de lointains douars : Aïn-el-Hadjar, Bou-Rached, Tafaroua...

Enfin le jour s'alluma, dans un ciel vert et rouge, sur les petites dunes livides du Khreider.

Et ainsi indéfiniment, c'était toujours la monotonie grave, la tristesse, et aussi le grand charme poignant de la plaine du Sud, avec ses rares touffes d'alfa coriace et ses arbrisseaux rampants, gris sur le sol de sanguine. Des chaînes de montagnes fuyaient au loin, à peine distinctes, diaphanes.

Le soleil se leva, et nous arrivâmes en face de l'arête robuste du Djebel-Antar s'avançant dans le vague des horizons plats. Au pied de cette haute muraille bleue, ce fut Mechéria, quelques toits roses, quelques maigres arbres jaunis, puis, tout de suite après, plus rien, de nouveau le vide de la steppe où se jouaient les lueurs irisées du matin.

Les gares esseulées avaient, dès le Khreider, changé d'aspect : c'étaient maintenant de hautes petites bastilles flanquées de miradors gris, fermées de lourdes portes en fer.

———

... Enfin des montagnes surgirent de l'azur chaud des lointains : le Djebel-Mektar, le Mir-el-Djebel, les monts de Sfissifa. Au delà, vers l'Ouest, c'était le Maroc.

De grandes dunes rougeâtres montèrent à l'assaut du Mektar, comme des vagues déferlantes. Une ceinture de verdure bleuâtre enserra les hauts bâtiments en briques de la redoute.

Vers la droite, quelques maisons sahariennes en toub (1), serrées les unes contre les autres, des touffes de figuiers noirs, quelques silhouettes de dattiers, quelques marabouts blancs. Nous stoppions enfin à Aïn-Sefra, où je ne devais que passer.

(1) *Toub*, pisé arabe.

Aïn-Sefra

Aïn-Sefra, naguère garnison quelconque plongée dans le sommeil et la routine de la vie militaire en temps de paix (1).

Aujourd'hui, avec les troubles du Sud et la tourmente qui gronde de nouveau à travers le Maroc en fermentation, Aïn-Sefra semble se réveiller, reprendre ses aspects de jadis, aux temps héroïques de Bou-Amama. Les troupes plus nombreuses, plus bruyantes, les arrivées et les départs, les attentes, parfois des angoisses, tout un mouvement insolite emplit les ruelles de sable.

Se mêlant au soleil, goumiers montés sur de petits chevaux maigres, tout en muscles, mokhazni en longs burnous noirs brodés de rouge sur la poitrine, la ceinture hérissée de cartouches, tirailleurs

(1) Des premières notes :
— Aïn-Sefra, double décor de village français aux pâles verdures telliennes, — peupliers d'argent, platanes débiles, jaunis, — et de ksour en toube grise, aux rues inégales et désertes. Au pied des montagnes très hautes et très bleues, les crêtes dentelées des dunes fauves, les ondulations molles du sable roux et l'envahissement de l'alfa houleuse.

bleus, spahi au manteau rouge, et les légionnaires, ces hommes blonds du Nord, bronzés, tannés par des soleils lointains, aux colonies.

Dans les cantines et les cafés maures pleins d'un joyeux tapage, les contrastes les plus inattendus se heurtent. Ici, les couplets grivois des chansons à deux sous, les scies récentes, se mêlent aux sentimentalités roucoulantes des romances allemandes ou italiennes. Et à côté la vieille rhaïta (1) africaine pleure et hurle ses riolets étranges, accompagnant des mélopées entes, coupées, en guise de refrain, de longs cris désolés.

En une même griserie de mouvement et de bruit, les deux mondes voisins, le monde européen et le monde arabe, se coudoient, se mêlent sans jamais se confondre.

A toutes ces dissonances la légion étrangère ient ajouter encore d'autres notes lointaines. Et avec tout ce tapage et tous ces hommes, dans le provisoire et l'incertain de l'heure, Aïn-Sefra est belle...

(1) *Rhaïta*, musette arabe.

Soldats d'El-Moungar

Je monte à l'hôpital, dans la redoute qui domine la ville (1).

Grands bâtiments en briques rouges, entourés de galeries à arcades. Les blessés d'El-Moungar errent à l'ombre, avec des pansements de linge très blanc, dans le désœuvrement de leur convalescence.

Deux ou trois Français, parmi ces étrangers... le reste, Allemands ou Italiens : rudes figures culottées, sourires avenants.

Un peu fiers d'être « interviewés » — un mot qu'on leur a appris — ils sont pourtant intimidés. Alors, bien militairement, ils finissent par m'adresser à leur chef, le caporal Zolli.

Jeune, grand et mince, portant avec aisance la

(1) Isabelle Eberhardt, souffrante des fièvres du Sud, devait entrer un an plus tard, en revenant du Maroc, à l'hôpital d'Aïn-Sefra. Elle y passa un mois et n'en sortit convalescente que la veille de la catastrophe du 21 octobre 1904 où elle trouva la mort. L'hôpital d'Aïn-Sefra, placé sur la hauteur, n'eut aucunement à souffrir de l'inondation qui ruina le village.

tenue grise de l'hôpital, il parle un français correct, parfois même élégant. Lui, habitué, ne se trouble pas.

Clairement, vivement, il me raconte la halte imprudente, sans aucune précaution, dans la vallée entre El-Moungar et Zafrani, l'insouciance fatale du malheureux capitaine Vauchez qui disait en riant qu'il irait en bras de chemise au Tafilalet, et cela quelques jours avant sa mort... Le caporal atteste pourtant la belle crânerie calme du capitaine qui, mortellement blessé, trouva la force d'écrire quelques mots au crayon pour envoyer prévenir le capitaine de Susbielle, à Taghit.

Dans le récit du caporal passe aussi la mélancolique silhouette de cet officier danois, le lieutenant Selkauhausen, qui était venu servir à la légion étrangère, avec son grade, pour s'instruire, et qui est allé mourir là-bas, dans ce coin ignoré du Sud-Oranais.

— Il paraît que le lieutenant était fiancé dans son pays, ajoute le caporal. C'est égal, c'est bien triste, cette mort-là !

Zolli sait faire revivre les affres de cette journée de lutte acharnée, inégale, loin de tout secours. Il est modeste, n'exagérant pas son propre rôle, avouant la blessure de sa main droite qui, dès le début, l'a empêché de tirer.

Ancien soldat du général Menotti Garibaldi,

en Macédoine, Zolli aime la guerre : il s'arrange toujours pour être où on se bat.

Parfois, les hommes, plus frustes, s'enhardissent, risquent un mot, quelque souvenir simple et poignant ou quelque plaisanterie sur leur propre infortune.

— On a eu bougrement soif, ce jour-là, dit l'un d'eux qui ne semble pas se souvenir d'autre chose. Et, comme y avait pas d'eau, on s'est envoyé pas mal de litres de vin pur, le soir, quand ç'a été fini. Alors, ça nous a tapé dans le plafond, et ça fait qu'on était un peu soûls.

Très sympathiques, ces pauvres diables qui ont souffert et failli mourir pour des affaires qui ne sont pas les leurs, et qui les laissent profondément indifférents.

Au rez-de-chaussée, une petite salle peuplée de tirailleurs malades.

Là, couché parce qu'il s'ennuie, Mouley Idriss, un grand mokhazni bronzé, musclé, sec, avec une figure régulière et énergique de nomade.

Ce mokhazni fut blessé quelques jours avant El-Moungar, par un djich (1). Très primitif et d'abord très fermé, Mouley Idriss finit pourtant par se rassurer et par sourire. Il exprime ce que

(1) *Djich*, au pluriel *djiouch*, petite bande de pillards armés.

pensent tous les Arabes du Sud-Ouest. Pour eux, il n'est question ni de guerre avec le Maroc ni surtout de guerre sainte. La région a toujours été bled-el-baroud (pays de la poudre), et les tribus de la vague frontière se sont toujours razziées les unes les autres. Mouley Idriss désigne l'ennemi d'un nom significatif : *el khian*, les voleurs, les bandits. Il considère les opérations militaires actuelles comme des contre-razzias et des représailles sur les djiouch, tout simplement.

Cela explique bien pourquoi les auxiliaires indigènes si précieux, mokhazni, goumiers, cavaliers-courriers, sokhar (1), dont la plupart sont recrutés parmi les nomades du pays, n'éprouvent aucune répugnance à combattre les pillards, et donnent l'exemple d'une valeur, d'une endurance et d'un dévouement au-dessus de tout éloge.

Mouley Idriss, sans insister sur ce qu'il a eu à souffrir de la part de l'ennemi, réprouve énergiquement les actes de ceux qu'il appelle des coupeurs de routes, des chacals.

Au fond, il ne doit pas désirer bien sincèrement que tout cela prenne fin : il est nomade, donc homme de poudre, et il aime se battre.

Mouley Idriss appartient au makhzen de Sidi Mouley ould Mohammed, agha des Amour d'Aïn-Sefra, l'une des personnalités indigènes du Sud-

(1) *Sokhar*, conducteur de chameau, caravanier.

Ouest les plus sympathiques et les plus dévouées à la cause française.

Tandis que je cause avec Mouley Idriss, ses compagnons, tirailleurs, nous entourent.

A moitié dévêtus, avec leurs défroques d'hôpital qui leur vont mal et leur tour de tête rasé, ils sont drôles. Ils ont des gamineries et des éclats de rire qui contrastent avec leurs robustes carrures et leurs visages mâles.

Tout ce petit monde souffrant attend avec impatience le jour où, même mal guéris, on voudra bien les laisser sortir : les Arabes considèrent l'hôpital comme un lieu funeste, comme une prison.

Fausse alerte

Huit heures, le soir, grande oppression sur Aïn-Sefra, dans l'obscurcissement des boutiques fermées, des cafés qui se barricadent, comme aux grands soirs de soûlerie épique, quand la légion donne. Pas de passants civils, un silence lourd, presque une impression de ville en danger.

Les boutiquiers, les mercantis, comme les appellent les Arabes, s'assemblent dans les salles closes, autour du champ vert des billards désertés. Ils prennent des airs graves, soucieux. Ce sont des doléances longues, l'éternelle exagération des choses, le grossissement démesuré par la peur. On parle stratégie; on trouve la garnison ridiculement insuffisante; on suppute les risques de se réveiller le lendemain matin avec le chemin de fer et le télégraphe coupés. On annonce une harka, une grande bande de pillards, venant du côté de Sfissifa. On va même jusqu'à évaluer la distance qu'il y a entre le village et la redoute, refuge sûr...

Presque de la panique, en somme, ce soir de mon arrivée, et tout cela parce qu'une patrouille a été attaquée à Teniet-Merbah, à une vingtaine de kilomètres d'ici, et parce qu'un mokhazni a été tué... De plus, on a signalé le passage d'un djich près de la gare de Mékalis.

Dans une boutique mozabite où je suis venue chercher un peu de lumière et de gaîté, un spahi entre, beau garçon au visage doux et xpressif.

Il a l'air inquiet.

— Adieu, dit-il, pardonnez-moi tous, si j'ai eu des torts envers vous.

— Mais où vas-tu ?

— Eh ! n'ai-je pas prêté serment ? Celui qui s'engage met la tête dans le nœud coulant ; après il fera ce qu'on lui ordonnera, sans plus songer ni à sa tente ni à ses amis. Moi, ce n'est pas d'être tué que j'ai peur. On ne meurt qu'une fois. C'est de marcher tout seul dans la nuit, sans un être humain à qui parler... On m'envoie porter une lettre à Beni-Yaho.

Et tous les assistants embrassent le spahi, en songeant au cavalier du makhzen tué le matin.

Et c'est la seule note réellement triste et poignante dans tout ce décor de ville effarée, — ce départ du pauvre soldat qui, lui, risque réellement sa vie, dans l'obscurité menaçante et le silence de la campagne.

Tout se passe très bien, pourtant, et les heures

lentes de la nuit s'écoulent sans la moindre alerte, sans l'écho du moindre coup de feu.

Le jour se lève, radieux, dissipant les fantômes évoqués la veille.

On m'annonce que le spahi Abdelkader n'a pas été attaqué. Et tout se calme au village, la vie monotone reprend son cours ordinaire, toute de petits négoces âpres.

Mograr Foukani

Je descends aujourd'hui vers Hadjerath-M'guil pour voir les autres blessés d'El-Moungar, restés là-bas.

Un peu après le lever du jour, le train s'engage dans un pays unique, d'une étrangeté saisissante.

Plus de sables ni d'alfa, plus rien que de la pierre, un immense chaos de pierres brisées, roulées, déchiquetées, arrachées du sol comme par un effroyable cataclysme.

Des arêtes aiguës chevauchant les unes sur les autres ou se superposant, monstrueuse dentelle tendue sur les rochers, sur les collines d'argile. Des tranchées, étroites et profondes comme des corridors, que surplombent des blocs énormes posés en équilibre hasardeux, prêts à se détacher et à écraser le train qui passe.

C'est comme une gigantesque coulée de lave, vomie par les pitons sombres qui ferment l'horizon, et ayant envahi la vallée pour s'y refroidir et se figer autour des masses plus anciennes, plus dures, et formant une croûte boursouflée, rugueuse, toute une carcasse de ville détruite par le feu du ciel.

Et quelle gamme inouïe de couleurs sur ces décombres! quels reflets ignés! des roses ternes de mâchefer à peine éteint, des jaunes de rouille et des verts ocreux, des violets de manganèse et des carmins obscurs, sur les argiles froides, avec des veines saillantes d'un bleu grisâtre et des rougeoiements mornes sur les falaises abruptes!

Sur toutes les surfaces de pierre, une teinte uniforme d'un noir de suie, gardant encore comme les traces du feu et des fumées originelles.

Sombre et splendide décor de fournaise pétrifiée, paysage lunaire d'indicible désolation et de tragique grandeur sous un ciel souriant, dans la lueur limpide du matin...

Tout à coup, au sortir d'une tranchée, après une gare, une vision bien inattendue de fertilité et de vie : le ksar charmant de Mograr-Foukani, avec sa petite palmeraie, dans le lit humide d'un oued.

Une trentaine de hautes maisons berbères, en toub, d'une couleur de chamois pâle, serrées les unes contre les autres, enjambent des ruelles obscures et groupent leurs terrasses inégales en un désordre gracieux.

Au sommet des murs, sous les poutres en troncs de dattiers des toits, une décoration fruste faite de briques de terre sèche, posées de côté en festons aigus.

Dans la palmeraie, la moire très verte des petits champs d'orge, sous la famille murmurante des palmiers bleus, entre les murs bas où se penchent des grenadiers en fleurs.

Les rayons obliques du soleil levant glissent entre les troncs ciselés, allumant, au bout des palmes, de courtes lueurs d'acier, se jouant sur la terre dorée, sur les fruits sanglants des tomates et des piments.

Une oasis étalée dans le jour naissant, en pleine tourmente volcanique, éclose en une étroite fissure dans la lave morte.

Sur un rocher, au-dessus de la voie, une petite fille vêtue de laine pourpre, baignée de lumière blonde, regarde passer le train.

Elle est belle et rieuse, avec la grâce simple de ses mouvements, la joie naïve qui illumine son petit visage rond, son teint ambré et la caresse de ses larges yeux roux.

Une autre fillette survient et, par jeu, par coquetterie, pour se montrer, elles se lutinent en riant.

Mais, brusquement, nous rentrons dans la fantasmagorie de pierre, en pleine vie minérale, obscure et silencieuse.

Hadjerath-M'guil

Une gare, donjon isolé parmi les roches déchiquetées.

A quinze cents mètres, une redoute en toub, dominant quelques masures en planches, sur la pente d'un rocher au pied des derniers contreforts du Djebel Beni-Smir.

Un oued envahi d'alfa et de lauriers-roses, quelques palmiers épars. Au delà de la redoute, sur le bord de l'oued, deux petites tombes françaises.

L'une vieille déjà de trois ans, l'autre toute récente, où achèvent de se décolorer quelques pauvres couronnes : celle du brigadier de spahis Marschall, tué il y a un mois au col de Chaabeth-Hamra, dans le Beni-Smir, à la poursuite d'un djich.

Elles ont un air d'abandon et de tristesse infinie, ces deux tombes de soldats, avec leurs croix de bois noir, esseulées, bien dépaysées dans le grand décor âpre du désert.

A la gare, où je suis descendue au hasard, sans même savoir la direction de la redoute où je vais, je trouve un Bédouin très brun, d'un beau type arabe des Hauts-Plateaux, qui est en train de décharger du train une selle et un harnachement de cheval. Malgré ses voiles blancs, je reconnais aisément en lui un soldat, spahi en civil ou mokhazni.

C'est à lui que je m'adresse, car il m'inspire confiance. Je lui conte une histoire pour lui expliquer mon identité et ma présence, et nous devenons aussitôt camarades avec la bonne sociabilité simple des musulmans.

Taïeb ould Sliinane, de la tribu des Rzaïna de Saïda, sort des spahis et va s'engager au makhzen de Taghit. Aujourd'hui même il se rend à Oued-Dermel pour acheter sa monture.

— Si tu veux, viens avec moi, nous prendrons le café chez mes anciens camarades, à la redoute. Tu y feras tes affaires, puis nous irons coucher à Oued-Dermel, si tu es capable de marcher. Demain, on nous donnera des chevaux et nous reviendrons ici pour le train du Sud.

Cet homme a raison et j'accepte.

Nous partons, sur la ligne ferrée d'abord, puis sur une piste ravinée.

A la redoute, une scène comique se passe.

Le chef de poste, un capitains de la légion, me regarde, stupéfait. Il ne comprend pas du tout le rapport qu'il peut y avoir entre ma carte de femme journaliste et le tout jeune Arabe qui la lui tend. Nous finissons cependant par nous expliquer.

Impossible d'interviewer les légionnaires sans une autorisation supérieure. En somme, cela ne me désole pas, et je vais rejoindre Taïeb chez les spahis.

C'est sous un long baraquement en planches et pisé, avec les paillasses rangées à terre. Les cavaliers en tenue de toile, ceinture rouge, entourent joyeusement le libéré et, comme c'est lui qui m'amène, ils me font fête à moi aussi.

Ils étendent vite des couvre-pieds et nous font asseoir. Puis, après les longues politesses arabes, les souhaits réitérés, ils nous font boire quatre ou cinq quarts de café, un jus clair et inodore, qui ressemble à la tisane de réglisse de l'hôpital.

Pourtant, nous n'osons le refuser, tout ce café offert de si bon cœur... Et puis nous en avons déjà bu de bien plus mauvais !

La femme de Tidjani

Taïeb a une idée : il veut aller à la recherche d'un certain Tidjani, originaire de Bou-Semrhoun, ouvrier à la gare, qui possède une mule.

Derrière la redoute, sous une petite tente en loques, nous trouvons la femme de Tidjani, flétrie, la peau tannée par le soleil, mais qui a dû être belle jadis.

Elle sait encore se draper avec grâce dans ses haillons de laine rouge.

Taïeb, qui croit fermement à la réalité de Si Mahmoud le Constantinois, me cligne de l'œil en souriant, quittant sa belle gravité de tout à l'heure.

— Hassouna est du Djebel-Amour, du pays des belles filles.

Taïeb s'accoude sur un vieux coussin en laine pour mieux regarder la Bédouine à qui il dit, sur un ton d'une tendresse voulue :

— Tu te souviens, il y a deux ans, à Duveyrier ?

Hassouna nie avec énergie, mais aussi avec un rire trouble qui la dément.

— Quoi, à Duveyrier ? Tu es fou, et tu mens. Entre toi et moi il n'y a que le bien...

— Bien sûr ! Y a-t-il un bien comparable à celui-là ? Parle, parle, comme l'oiseau menteur qui pond et qui s'envole en reniant ses œufs ! Si je ne te connais pas, moi, qui donc te connaît ?

— Mon père qui m'a engendrée !

— Pas aussi bien que moi qui t'ai possédée, quand tu étais jeune et fraîche !

Ils continuent sur ce ton leurs agaceries brutales, sans obscénité de mots.

Je crois bien que, si je n'étais pas là, Taïeb pousserait les choses plus loin, malgré la décrépitude commençante de Hassouna.

Elle nous sert le café, en regardant en dessous Taïeb qui fait le geste expressif de l'enlacer et de la broyer dans ses bras.

Tidjani arrive. Il ne semble nullement étonné de nous trouver sous la tente avec sa femme.

Ce Tidjani est un loqueteux en vieille défroque européenne et chéchia.

C'est pourtant l'un des héros obscurs du combat de Chaabeth-Hamra, où est mort le brigadier Marschall.

Tidjani, simple civil, et par goût, emprunta un fusil à un juif et partit à pied, courant avec les spahis à cheval, à la poursuite du djich.

Pendant que son mari va chercher sa mule, l'hétaire assagie nous questionne amicalement, et nous parle d'elle-même.

Elle vit là, où la poudre parle tous les jours, et

elle garde la plus étonnante insouciance. Elle rit en parlant des djiouch terrés tout près, dans la brousse du Beni-Smir.

Elle dit en plaisantant que, parmi les Ouled Abdallah pillards, il y a de beaux et fiers garçons, et qu'elle les accueillerait bien volontiers si elle ne craignait pas le couteau de son mari.

Elle dit tout cela avec mille agaceries pour Taïeb. Parfois, pourtant, il y a comme une ombre de nostalgie qui passe sur son visage vieilli, quand elle parle des collines du Djebel-Amour natal.

Etrange apparition que cette fille de peine usée, dans ce décor de pierre et de poussière, en ces jours troublés !

II

Chez les Mokhazni

Nous partons, montant tour à tour la mule boîteuse de Tidjani.

Le brave homme nous fait un long discours pour nous prouver que sa bête est bonne quand même.

Sans l'écouter, l'insouciant Taïeb chante les belles Amouriat tatouées, et les longues chevauchées sur les pistes arides, la guerre d'escarmouches, et la toute-puissance du Destin.

Et moi, je regarde les lignes du paysage s'élargir, devenir plus calmes et plus harmonieuses, au sortir du dédale de pierres que traverse le chemin de fer presque depuis Aïn-Sefra.

La muraille des Beni-Smir s'éloigne vers l'Ouest et la vallée s'ouvre. Sable roux, à peine ondulé, avec des chevelures grises de « drinn », l'herbe du Sud, plus coriace et plus triste encore que l'alfa des Hauts-Plateaux.

A la surface du sable, un vent récent a laissé de menues plissures, vagues légères qui donnent à ce site désert un aspect un peu marin,

Au pied du pic arrondi du Djebel-Tefchtelt, nous trouvons le douar du makhzen d'Oued-Dermel : une vingtaine de tentes nomades basses à rayures noires et grises, aplaties sur le sol, comme tapies peureusement.

Les mokhazni, recrutés un peu partout dans les fractions des Amour, sont campés là, avec femmes et enfants, pour surveiller la voie ferrée et les montagnes alentour, où se terrent les pillards.

Les petits chevaux entravés entre les tentes mangent mélancoliquement des brassées de drinn.

Quelques chèvres noires jouent avec les petits enfants et les chiens qui, à notre approche, bondissent, hérissés, féroces, l'œil sanglant.

Un grand air de solitude et de tristesse règne autour de ce campement de soldats musulmans.

Le cheikh du douar, Abdelkader-Ould-Ramdane, encore jeune, figure intelligente et fermée, nous reçoit gravement.

Les braves mokhaznis nous offrent l'hospitalité sous une grande tente tapissée de haïk de laine rouge. Ils nous servent du thé marocain à la menthe, des galettes et du beurre. Ils me content, comme des choses très ordinaires, très naturelles, les alertes continuelles, les attaques et les poursuites dans la montagne, les ruses des rôdeurs.

Ici encore, aucune idée de guerre, dans le vrai sens du mot, de lutte de race à race, de religion à religion.

Les mokhazni ne parlent que de brigands, de pillards. Ce sont, avec les grandes allures lentes de tous les nomades, des gens très simples et très primitifs, des bergers et des chameliers qui continuent leur existence accoutumée, sans presque rien y changer, sous le burnous noir du makhzen d'Aïn-Sefra.

Taïeb les caractérise d'un mot français un peu dédaigneux, et bien spahi : « Ils ne sont pas dégourdis. »

Le djich invisible

Il fait chaud, sous la tente, dans l'entassement des hommes à demi couchés, accoudés sur les genoux ou sur l'épaule du voisin, fraternellement.

Dans l'autre moitié de la tente, derrière les tentures aux somptueux reflets de laine pourpre, ce sont des frôlements de femmes, et des chuchotements qui intriguent vivement mon compagnon. Pourtant il s'efforce de rester impassible et de ne rien remarquer de ce qui révèle le voisinage des femmes.

Nous quittons l'ombre étouffante de la tente, et Taïeb nous suit bien à regret. Nous allons nous étendre sur un tertre de sable, au-dessus de l'oued à sec qui, pour les mokhazni, représente la *hadada*, la problématique frontière du Maroc.

Une brise légère court sur le sable fin, bruissant à peine dans le drinn et les jujubiers épineux, ramassés sur eux-mêmes, hérissés, inabordables, comme des plantes marines.

Un grand silence pèse sur ce pays perdu, sur ce douar et sur notre petit groupe. Autour de moi, une dizaine de mokhazni sont à demi couchés, profils sobres et énergiques, presque tous d'une belle pureté de traits.

Le soleil descend vers les crêtes dorées des montagnes et des lueurs roses effleurent le sable, allument des aigrettes de feu sous les végétations dures. Encore une heure de repos, comme une halte dans ma vie, une heure d'insouciance et de rêve vaguement mélancolique, que ni regrets ni désirs ne viennent troubler !

Le jour va s'éteindre. Alors, surgissant tout à coup de derrière un buisson, un Bédouin loqueteux s'avance vers le chef du makhzen, Abdelkader-Ould-Ramdane, auquel il parle à voix basse.

Le chef se lève, le visage soucieux.

— Levez-vous !... Et vous autres, allez tout de suite rabattre toutes les bêtes au milieu du douar. Il y a un djich d'Ouled-Abdallah à une demi-heure d'ici.

Un djich ! Cela ne me semble d'abord pas bien sérieux. D'ailleurs, les pillards oseront-ils attaquer le douar, où il y a une vingtaine de fusils ?

Pourtant les mokhazni obéissent. Ils s'en vont en maugréant un peu rassembler les chevaux, mulets et chèvres qui paissaient aux environs du douar : tous les moutons sont au nord d'Aïn-Sefra, en sûreté.

... Huit heures. La lune n'est pas encore levée. Nous sommes accoudés sur les tapis, dans la tente. L'obscurité est opaque : Abdelkader nous a laissé à peine le temps d'avaler un peu de couscouss d'orge et quelques verres de thé, et il a fait éteindre toutes les lumières. Le chef a aussi placé des sentinelles couchées aux quatre coins du douar. Les mokhazni ont relevé les pans de la tente, du côté du désert, et ils se sont couchés, leurs fusils chargés à portée de la main.

Ils scrutent la nuit de leurs yeux de lynx.

Cela a maintenant l'air plus sérieux.

Alors commence une longue veillée. On parle à voix basse ; on se cache pour fumer. Le silence est lourd, à peine troublé, à côté, dans le gynécée, par le chant étouffé et monotone d'une femme qui berce son petit.

Tout à coup les chiens commencent à grogner sourdement. Les mokhazni tressaillent et cessent leur bavardage et leurs plaisanteries. L'agitation des chiens augmente. Bientôt, c'est un tumulte. Ils bondissent, avec des aboiements furieux, sur les toiles des tentes où ils courent, nous couvrant de poussière.

— Tu entends, me dit Taïeb, les chiens aboient dans toutes les directions : ce sont eux, et ils nous cernent à cette heure. Ah ! Si-Mahmoud, si nous avions au moins, toi et moi, des fusils !

La sensation que j'éprouve n'est pas de la peur ; mais toute cette mise en scène, tout ce vacarme des chiens, avec ces gens qui nous en veulent, qui sont là, dans la nuit, tout près et qu'on ne voit pas, tout cela produit sur moi une bizarre impression de rêve un peu trouble. Pourtant, je sens le désir enfantin que l'attaque se produise, qu'il se passe enfin quelque chose.

Cela dure ainsi pendant plus de deux heures.

Taïeb finit par avoir sommeil, et il bougonne :

— Qu'ils viennent enfin, ou qu'ils s'en aillent au diable !

Un des mokhazni le plaisante :

— Va leur dire qu'ils s'en aillent, tu nous rendras service !

Nous finissons tous par plaisanter, par rire de cette aventure plutôt ennuyeuse, de ces gens qui ne veulent ni attaquer ni s'en aller.

— Ils ne doivent pas être en nombre, et puis, comme il n'y a pas de lumière au douar, ni bêtes dehors, ils savent que nous sommes avertis, dit Abdelkader, toujours grave.

Pour un peu, n'était la crainte du chef, les mokhazni crieraient des moqueries et des injures au djich invisible.

... Peu à peu pourtant, une accalmie se fait, les chiens se taisent, et nous nous endormons.

Au milieu de la nuit, autre alerte ; les chiens dévalent de nouveau au-dessus de nos têtes, avec des hurlements. Les mokhazni jurent franchement : on ne pourra pas dormir tranquille !

Nous veillons, nous attendons. Rien. Le silence

retombe sur le douar, avec une fraîcheur d'avant l'aube. Cette fois, nous nous rendormons d'un sommeil accablé et profond.

C'est l'aube, l'heure radieuse entre toutes au désert. Je m'éveille au murmure grave des mokhazni qui prient dehors, baignés dans la lueur irisée du jour levant.

Nous sortons, et nous montons à cheval, pour retourner à Hadjerath.

Autour du douar, à deux cents mètres au plus, les mokhazni relèvent les traces du djich : une vingtaine d'hommes à pied.

Nous continuons notre route en remontant vers les rochers déchiquetés de Hadjerath M'guil.

Bourgade morte

De nouveau le petit train reprend sa marche lente à travers les solitudes. Les gares passent, avec des arrêts longs.

Djenien-bou-Rezg, la plaine ardente, une grande redoute rougeâtre, quelques masures esseulées.

Maintenant c'est Duveyrier, la Zoubia des Arabes, dans un cirque de collines fauves, de roches noires.

Naguère, le chemin de fer saharien s'arrêtait là, et le village récent, tout européen, s'était cru de la vitalité. Les maisons basses, passées à la terre grisâtre, se multipliaient avec les chants d'exilés de la légion; les cantines et les buvettes s'ouvraient, cahutes en planches et en vieux fonds de bidons à pétrole; une duègne hardie avait même amené quelques vagues hétaires, épaves des bouges de Saïda et de Sidi-bel-Abbès.

Des théories de chameaux venaient s'agenouiller dans les rues de sables, avant d'aller ravitailler les postes perdus du Sud.

Duveyrier fut la source du fleuve d'abondance

coulant vers le Sahara. Une apparente prospérité y régna pendant quelques mois. Des gens commencèrent à s'y enrichir, émigrant d'un peu partout vers l'appât des trafics faciles, troubles même souvent.

Lors de certaines transactions, on murmurait tout bas le nom qui emplit depuis vingt-cinq ans les échos du Sud-Oranais, le vieux nom presque légendaire qui sonne plus étrangement troublant ici où il est une réalité : Bou-Amama.

Puis, un jour, la petite voie obstinée — les deux rails de fer qui s'en vont, luisants et esseulés, à travers le désert — dépassa Duveyrier pour aller s'arrêter encore plus loin, en face de Figuig fascinatrice. Du jour au lendemain une autre ville surgit, hâtive comme les herbes du Sahara sous les premières pluies d'hiver. Et la vie éphémère de Duveyrier disparut, absorbée par la nouvelle venue : Beni-Ounif-de-Figuig.

... Aujourd'hui, dans la lumière rose du matin, Duveyrier donne une singulière impression d'abandon prématuré : maisons aux murs tout neufs, mais sans toitures, avec les orbites noires des portes et des fenêtres béantes ; les mercantis ont emporté tout ce qu'ils ont pu, poutres, planches, croisées, tuiles, dans leur exode précipité. Les buvettes closes ou éventrées tombent déjà en ruines et s'ensablent. Il semble qu'une calamité, incendie ou inondation, s'est abattue sur cette bourgade née d'hier, et l'a rendue au silence éternel du désert.

Et c'est d'une tristesse poignante, ce coin de pays abandonné avec ces décombres.

Seule, la petite garnison donne encore un air de vie à Duveyrier, piquant le long des rues le coquelicot éclatant d'un burnous de spahi ou le bleuet d'une tenue de tirailleurs.

A la gare, tout le monde vient, mélancolique distraction, voir passer le train... et la vie s'en aller ailleurs.

... A Duveyrier, une surprise, reflet des mois troublés qui s'écoulent : une escouade de tirailleurs en armes monte dans le train, en cas d'attaque.

Et, malgré cela, encore une fois, comme à Aïn-Sefra, comme à Oued-Dermel, aucune sensation réelle de danger dans le grand calme et le sourire de la plaine ensoleillée.

Arrivée à Beni-Ounif

La Zousfana, un pont de fer peint en gris, très laid et très dépaysé dans le décor d'alfa, de roseaux et de lauriers-roses.

L'oued roule une eau trouble et rougeâtre sur des galets blancs, avec, au milieu du courant, le mince filet pur de quelque source voisine.

La Zousfana qui, avec son confluent venant de l'Ouest, le Guir, forme à Igli l'oued Saoura, ne se dessèche jamais. Ses bords verdissent en plein été, autour du petit bordj gardé par des tirailleurs, et des masures qui servent de gare.

L'air est ici humide et chaud, avec une buée blanche qui voile les lointains.

Après, voici, à gauche, la grande plaine de Djenan-ed-Dar : un horizon rouge, net, avec, très loin, la silhouette du Djebel-Sidi-Mounène, terrasse carrée, géométrique, qui se dresse vers le Sud. Nous entrons dans la vallée pulvérulente de Beni-Ounif, formée de collines arides, qui s'écartent, vers l'Ouest, sur un horizon incandescent.

Qu'il est dissemblable, ce pays de poussière et

de pierre, des régions aimées du Sud-Est, du grand Erg immaculé, des dunes pures et irisées du Souf, et des chotts immenses, et des palmeraies mystérieuses de l'Oued-Rir'h salé !

... A droite, c'est Figuig, dans son cirque de hautes montagnes aux lignes harmonieuses... Nous ne voyons toujours que les palmeraies : sur un fond neutre, d'une couleur indéfinissable mais ardente, le mouchetage noir des dattiers.

... Enfin, voici Beni-Ounif, la petite gare, avec la poignante mélancolie des rails qui s'arrêtent brusquement en face de l'immensité.

Vers la droite, la redoute basse, toute blanche, délabrée.

Et au delà, en face de la puissante coulée verte, du col de Zenaga, aux lignes sobres et nettes d'un violet profond, encadrant l'envahissement des palmiers, c'est, sur une pente douce, le vieux ksar de Beni-Ounif, amas charmant de ruines en or pâle, en chamois ardent dans le velours sombre de la palmeraie.

Au Ksar

Au milieu des ruines, çà et là, quelques ruelles encore debout, habitées, couvertes, comme presque toutes les rues ksouriennes, en poutrelles de palmiers : avenues obscures et fraîches, avec des bancs de terre ménagés dans l'épaisseur des murailles, où se tiennent les palabres des djemaâ berbères.

Brusquement, des trouées de soleil, coupant les ombres bleues, les ombres fauves des passages couverts.

Ailleurs, parmi les décombres, des maisons éventrées, montrant des restes d'humbles ménages arabes : poteries d'argile brisées, chiffons achevant de déteindre au soleil, traces de fumée noire sur les parois claires.

La vie se retire du vieux ksar, pour passer au village nouveau, utilitaire, bruyant et laid.

Vers le Sud, les maisons descendent au fond de l'oued desséché, aux berges déchirées capricieusement. Là, c'est le règne humide des jardins coupés de petits murs en terre, pour intercepter les ardeurs du soleil.

———

Çà et là, des « feggaguir », sources souterraines, captées et dirigées à travers un labyrinthe de couloirs souvent praticables, sous les jardins et sous les rues, — toute une ville pleine d'ombre éternelle et de mystère, d'où, aux jours brûlants de l'été, fusent les rires et les voix des femmes qui se baignent. C'est là qu'elles prennent la pâleur de cire de leurs visages et la langueur de leurs gestes.

En haut, vers l'Ouest, une large fondrière au milieu des décombres. Un sentier de chèvres la traverse, aboutissant au vieux rempart presque intact en cet endroit. La crête seule s'effrite lentement, en dentelures bizarres.

Une petite porte méfiante, étroite, si basse qu'il faut se ployer en deux pour y passer, s'ouvre sur le grand cimetière sans clôture et sans tristesse, où l'impression de la mort s'évanouit dans la monotonie vide du décor.

Au delà des sépultures, entre quelques touffes de dattiers grêles, c'est encore la koubba de Sidi Slimane.

Les heures s'écoulent, monotones, sur le ksar mourant. Seul, sur l'ocre mat du rempart, le lambeau de ciel que découpe la porte change, passant du mauve irisé des matins au bleu incandescent des midis, au rouge carminé taché d'or des couchants et aux transparences marines des nuits lunaires.

Le soir, la petite porte semble s'ouvrir sur une fournaise dont le reflet ardent descend jusqu'au fond des ruines.

Au ksar comme au village, comme partout dans la vallée de Beni-Ounif, il y a l'éternelle poussière de chaux rougeâtre qui embrume et ternit les choses, qui voltige, oppressante, dans l'air embrasé, aux jours d'adjedj (1).

Les passants sont rares.

Parfois un fellah, poussant devant lui un petit âne disparaissant sous une charge de palmes qui frôlent les murs avec un bruissement métallique. L'homme marche, l'œil vague, le bâton sur l'épaule, tenu très droit, d'un geste hiératique comme on en voit aux personnages des bas-reliefs égyptiens. Il chante, pour lui tout seul, doucement, une vieille mélopée berbère ; il échange quelques salam distraits avec les fantômes blancs immobiles le long des murs. Une vieille paraît, courbée sous une outre pesante. Assis ou à demi couchés sur les bancs de terre, les ksouriens berbères blancs, ou les kharatine, autochtones noirs, parlent sans hâte, se grisant d'ombre et d'immobilité longue.

Les Zoua, Arabes fortement métissés de Berbère, drapent en d'épaisses laines blanches leurs corps chétifs : l'afflux du vieux sang ksourien appauvri

(1) *Adjedj*, tourmente de sable.

à travers les siècles, et la vie somnolente, toujours à l'ombre, ont abâtardi leur sang arabe, et ils n'ont plus ni la belle prestance ni la robustesse souple des nomades. Quelques-uns sont beaux, pourtant, mais d'une pâle beauté efféminée, comme on devait en voir aux jeunes hommes, sur les carrefours de Carthage. Ce sont des artisans et des scribes, et non des hommes de guerre.

Pourtant les Zoua se distinguent des fellah de pure race berbère. Ils parlent entre eux l'arabe et font bande à part, très fiers de leurs origines maraboutiques ; ils revendiquent tous la lignée de Sidi Tadj, descendant de Sidi Slimane Bou-Semakha et des Sidi-Cheikh. Ils sont donc les parents de Bou-Amama.

Les Zoua restés à Beni-Ounif, après l'exode des leurs à la suite de Bou-Amama, vivent du produit de leurs jardins et aussi de la ziara, offrandes à Sidi Slimane, qu'ils se partagent.

Leur chef est aujourd'hui le portier de la koubba, un certain Ben Cheikh, homme d'une quarantaine d'années, pauvrement vêtu, de manières douces et insinuantes. Pourtant, son masque émacié et bronzé, aux yeux fuyants, respire l'astuce et la volonté.

Au-dessous des Zoua et des fellah berbères blancs, il y a les kharatine, les vrais indigènes du Sahara, de sang noir presque pur. Grands, aux longs membres grêles, la face allongée et osseuse, ils ressemblent à toutes les tribus noires disséminées dans le Sahara.

Ils parlent le Chel'ha, idiome berbère qui se rapproche un peu de la Zenatia du M'Zab.

D'autres noirs, des esclaves ceux-là, venus du Touat ou du Gourara, voire même du Soudan, parlent d'autres idiomes d'origine nigritique, connus sous le nom générique de Kouria.

Quand les Zoua eurent quitté en grande partie Beni-Ounif, après l'occupation française, les kharatine restèrent maîtres du pays, ce qui explique, outre certaines raisons politiques, pourquoi c'est l'un d'eux, Bou-Scheta, qui a été nommé caïd, au grand mécontentement des Zoua.

Tous les blancs, même les ksouriens berbères, méprisent les kharatine, naguère encore leurs esclaves. Pas plus que les juifs, les kharatine, musulmans pourtant, n'avaient voix dans les djemaâ.

Le caïd Bou-Scheta est d'ailleurs d'extérieur plutôt comique. Très grand, avec de longs bras, d'allures gauches, sans dignité dans ses attitudes, Bou-Scheta ne revêt son beau burnous rouge et ne se donne des airs graves qu'aux jours de fêtes, pour se présenter aux chefs français.

Les Zoua se moquent ouvertement du caïd, l'appelant : El Khartani ou Elabd (le nègre, l'esclave).

— —

Bou-Scheta, débonnaire avec son large sourire à dents jaunes et ses gestes simiesques, fait semblant de ne s'apercevoir de rien, gardant au fond de lui-même la peur des marabouts.

Petite Fathma

Les enfants, seule note vivante, seule note gaie dans le silence de nécropole, dans la tristesse nostalgique du ksar.

Les tout petits surtout sont drôles, noirs pour la plupart, nus sous des chemises trop courtes, avec, au sommet de leurs crânes rasés, une longue mèche de cheveux laineux entremêlés de menus coquillages blancs ou d'amulettes.

Ils ont déjà appris à mendier des sous aux officiers qui passent. Ils sautent autour d'eux ; ils trépignent, ils s'acharnent avec des grâces et des câlineries de petits chats. Puis ils se battent férocement pour les monnaies de cuivre qu'on leur jette ; ils se roulent et mordent la poussière.

La meneuse, c'est petite Fathma.

Elle peut avoir onze ans. Son corps impubère, d'une souplesse féline, disparaît sous des loques de laine verte, retenues sur sa poitrine frêle par une superbe agrafe en argent repoussé, ornée de corail très rouge et d'une forme rare.

Petite Fathma est métisse. Son visage rond, aux joues veloutées, d'une chaude couleur cuivrée, est

à la fois effronté et doux, avec des yeux de caresse et des lèvres déjà voluptueuses. Dans peu d'années, Fathma sera très belle et très impudique.

Menant le vol turbulent des bambins ambrés ou noirs, elle galope à travers les ruines, égrenant son rire limpide de nymphe folle. Elle apparaît tout à coup, hasardeusement posée sur le bord d'une terrasse effondrée, ou sur la crête d'un mur branlant. Elle implore, elle minaude, elle sourit.

Un jour, je l'ai vue, en guise de remerciement, prendre la main d'un roumi, un officier, entre ses menottes tièdes, et lui dire avec un sérieux troublant : « Je t'aime beaucoup, ya sidi ! » L'homme sourit et attribua cette caresse au désir d'avoir plus de sous. Alors petite Fathma eut une moue chagrine avec un hochement de tête grondeur. — « Non, non, ce n'est pas cela. Je t'aime comme ça, pour Dieu ! » Ce qui signifiait, en arabe, que sa tendresse subite était désintéressée.

Etrange petite créature, qui est comme l'âme charmante mais décevante et fugitive des ruines rougeâtres.

Sidi Slimane

J'ai éprouvé aujourd'hui une sensation intense de recul dans le temps, vers les siècles abolis. Je suis allée rendre visite au tombeau de Sidi Slimmane Bou-Semakha, par une matinée chaude de fièvre (1).

(1) Des premières notes :

Visite à la koubba de Sidi Slimane Bou-Semakha, un matin très chaud et très clair d'octobre. Impression intense de recul subit vers les siècles abolis de foi et d'immobilité.

Une sage politique, pour ne pas blesser les susceptibilités locales et surtout voisines (Figuig), a respecté jusqu'à présent l'inviolabilité du sanctuaire : aucun chrétien n'y a jamais pénétré. Les officiers français, lors de l'occupation, se sont contentés de recevoir la soumission des ksouriens dans le corridor extérieur de la koubba.

C'est avec Ben-Cheikh que je vais au « makam » du grand saint du Sud-Ouest.

Après le corridor dallé, nous tournons à droite et nous quittons nos chaussures. C'est le makam, le tombeau, au milieu d'une petite salle toute blanche, mystérieusement éclairée par en haut. Le tombeau est en bois, en forme de pyramide, recouvert de draperies de soie rouge et verte.

Comme tout en ce lieu, ces vieilles étoffes de jadis ont un grand charme de vétusté, avec leurs couleurs fanées, adoucies dans la pénombre bleuâtre. Une grille en bois ouvré, si vieux qu'il s'effrite sous l'ongle, entoure le makam. Une

Une sage politique, respectant les susceptibilités musulmanes, a jusqu'à présent protégé l'in-

fantaisie bizarre a placé là une très haute et très antique horloge d'Europe, dont la boîte en bois est peinturlurée de fleurs naïves en cinabre, en indigo et en or.

Par quel hasard imprévu, après quelles vicissitudes singulières, cette horloge est-elle venue échouer là, en plein désert, aux portes de Figuig? Èpave sans doute de quelque pillage lointain sur les côtes d'Andalousie passée en ex-voto après une longue pérégrination à travers le Maroc...

Le mouvement s'est arrêté depuis longtemps et ne trouble plus le silence pieux. Des petits cierges de cire vierge et des cassolettes de benjoin alourdissent l'air sous la coupole surbaissée.

Un très vieux mokaddem, tout courbé sous ses voiles de laine immaculée, reçoit la ziara, nous accompagnant de quelques bénédictions murmurées d'une voix éteinte... Nous sortons, et la grande lumière d'or nous éblouit dans la plaine nue, semée de petites pierres grises dressées : des tombes et des tombes innombrables.

Vers le sud et le sud-ouest du village, une haute colline rocheuse ferme l'horizon. Au pied de cette muraille ocreuse, un coin charmant : au fond du lit desséché de l'oued, un groupe de dattiers et de lauriers-roses autour d'un puits.

On y fait des briques de toub et on a éventré la colline où la carrière ouvre comme des plaies roses avec des coulées de sanguine. Des ouvriers marocains, en loques européennes et en turbans bas, travaillent en chantant sous les ordres d'un vieil Espagnol tanné, basané, au fruste visage ensauvagé par une barbe inculte de gnome.

Vers l'ouest de Ben-Zireg et de Béchar, plus rien, la plaine nue, la hamada dallée de pierres noires, coupée de petites arêtes aiguës. Vers la droite, les hautes montagnes aux teintes changeantes et la petite palmeraie de Mélias, tapie à l'entrée d'un défilé profond : encore un repaire de violabilité de la koubba : jamais aucun chrétien, pas même les officiers, n'y est entré.

Moi, musulmane, on m'y mène, car Sidi Slimane est le grand guérisseur des malades.

C'est avec Ben Cheikh, le chef des Zoua, que je vais au tombeau du grand marabout.

Après un long corridor dallé, nous tournons à droite et nous quittons nos chaussures.

C'est la chapelle, sous la coupole.

Le tombeau est au milieu d'une petite salle toute blanche, mystérieusement éclairée par en haut. Il est en bois, de forme pyramidale, et recouvert de draperies de soie rouge et verte.

Comme tout en ce lieu, ces étoffes ont un grand charme de vétusté, avec leurs couleurs fanées, encore adoucies dans la pénombre bleue.

Une grille en bois ouvré, si vieux qu'il s'effrite au toucher, entoure le tombeau, l'enserrant de tout près. De lourds chapelets de bois odorant,

djiouch est un lieu peu sûr, dit-on, et qui a l'air bien tranquille et bien désert, vu de loin, en face du grand décor morne et splendide de la plaine et des collines.

De ce côté, les caprices de la lumière faussent la perspective des choses, rapprochent ou éloignent singulièrement les ondulations du terrain. Un matin, une longue théorie de chameaux qui pâturaient au pied des collines, très loin, me semblèrent tout à coup grandir, se déformer, devenir géants... Puis, peu à peu, comme le soleil tournait, ils redevinrent tout petits, à peine visibles dans la brume incandescente.

aux grains gros comme de petites pommes, pendent aux pieds et à la tête du saint.

Une fantaisie bizarre a placé là une très haute et très antique horloge d'Europe, dont la boîte en bois est peinturlurée de fleurs naïves en cinabre, en indigo et en or.

Par quel hasard, après quelles vicissitudes et quelles pérégrinations cette horloge est-elle venue échouer là, dans ce sanctuaire figuiguien ? Epave peut-être de quelque pillage barbaresque sur les côtes d'Italie ou d'Espagne, envoyée en ex-voto, à dos de bêtes, à travers le Maroc...

Le mouvement est arrêté sur un midi ou une minuit oubliés, et rien ne trouble plus le silence pieux.

De petits cierges en cire vierge et des cassolettes de benjoin alourdissent l'air sous la coupole basse.

Un très vieux personnage, tout blanc et tout courbé sous de longs voiles immaculés, reçoit la ziara, l'offrande, et il nous accompagne de bénédictions murmurées d'une voix éteinte, comme lointaine.

Nous ressortons, et la grande lumière du dehors m'éblouit dans la plaine nue, semée seulement d'innombrables tombes...

Dimanche au village

Le ciel est couvert ; le siroco souffle son haleine chaude, sa brûlante et mortelle caresse, sur la moiteur morbide des corps énervés.

Le tapage et les cris commencent dans les cafés maures : *Au retour de Béchar*, à *l'Étoile du Sud*, à *la Mère du Soldat*, à *l'Oasis de Figuig*. La légion porte dans les buvettes tout un fond de désespérance et de regrets déchaînés par l'ivresse obstinée et terrible des gens du Nord. Les portes ouvertes versent des flots de lumière rouge sur le sable des rues sombres. C'est un entassement confus de capotes bleues contre les comptoirs en bois. L'absinthe coule et le siroco souffle.

On commence à s'échauffer, et c'est maintenant la Babel des chants, des lents patois germaniques ou bataves, des gazouillements italiens, des rauques syllabes heurtées des dialectes espagnols.

Puis tout à coup, sans raison apparente, ce sont des effusions qui, à première vue, paraissent drôles, mais qui, au fond, sont tristes à pleurer, parce qu'elles montent du plus profond de la douleur humaine, chez tous ces déshérités réfugiés dans la dure existence du soldat dans le Sud.

Des embrassades commencent entre les hommes ivres, qui finiront par des disputes et des coups, quelquefois par du sang.

Dehors, la patrouille, le fusil sur l'épaule, gravement passe, attendant les rixes prévues, les inévitables chutes.

Dans une cantine, un petit Allemand pâle joue de l'accordéon, tandis que d'autres dansent (1).

(1) Variante des premières notes :

... A la *Mère du Soldat*, un petit Allemand, pâle, joue de l'accordéon et d'autres dansent... Ils s'excitent et ils suent ; ils commencent à se déshabiller, à jeter au hasard leurs vêtements. Puis ils renversent les bancs ; ils cassent et chavirent tout... Alors la patronne, ancienne cantinière, survient, mince cavale efflanquée et déhanchée, au mufle osseux et blême, avec des crins jaunes sur un crâne pointu. D'une poigne de fer, jurant plus fort que les troupiers, elle expulse les plus turbulents...

A l'*Etoile du Sud*, c'est un groupe d'officiers qui, eux, n'osent pas se saouler et rouler à l'oubli en public, et que pourtant l'ennui et le « cafard » tenaillent... Ils s'engouffrent là, pour boire, pendant des heures, lentement, en écoutant une Espagnole vieillie, au dur masque sanguin, roucouler une romance sentimentale *La Paloma*.

Dans les cafés maures, c'est la vague bleue des tirailleurs, avec la floraison des chéchias rouges et les écroulements écarlates des burnous de spahis. On joue aux cartes, avec des éclats de voix et des fusées de rire formidables... On chante.

A demi couché sur l'épaule d'un grand tirailleur bronzé, au fin visage impassible un mokhazni tout jeune, peut-être un peu ivre, souffle de toutes ses forces dans une rhaïta dont la plainte endiablée perce et domine tout le tapage. Un

Les cafés maures, salles blanches et vides, avec dans le coin, l'oudjak (1) et, sur des planches, l'entassement nacré des tasses en porcelaine, les feux divers des petits verres à thé multicolores, et les soleils pâles des plateaux de cuivre.

Ici, c'est la vague bleue sombre des tirailleurs, avec la floraison pourpre des chéchias, l'entassement écarlate des spahis coiffés de hauts turbans blancs à cordelettes fauves ou noires. Il y a aussi les burnous bleus du makhzen, avec leurs cartouchières où les rayons rouges de la lampe allument des éclairs de cuivre, et les burnous blancs, terreux, des Bédouins.

Les tirailleurs sont les plus bruyants. Ils jouent

tirailleur se lève, emprunte deux foulards de coton rouge à grands ramages naïfs, jaune canari, et danse, au milieu des rires, la danse des Ouled-Naïl, les filles de son pays, imitant leurs déhanchements lascifs et le frisson artificiel de leur chair.

Puis, par besoin de crisper leurs mains avides sur de la chair vivante, les soldats grisés de fumée et de thé marocain luttent et se roulent furieusement sur les nattes, sur les bancs, avec de grands cris.

— Neuf heures... Les ivrognes jonchent le sable des rues. Les cris et les chants vont se taire, et, seuls, montent, dans l'ombre et la chaleur, le râle et la plainte furieuse, toute la rage, tout le rut inassouvi des mâles qui appellent, en vain, les étreintes et les caresses de la femme, depuis des mois.

(1) *Oudjak*, fourneau des cafés maures, en forme de porte mauresque en plâtre, souvent garni de faïences, — mot d'origine turque.

aux cartes ou aux dominos, avec des cris joyeux.

On chante.

A demi couché sur l'épaule d'un grand tirailleur, fine figure impassible, un mokhazni tout jeune, sans doute un peu ivre, souffle de toutes ses forces dans une rhaïta dont la plainte endiablée perce et domine tous les bruits.

Un tirailleur barbu se lève, emprunte à ses camarades deux foulards de soie rouge et danse au milieu des rires la danse des filles du Djebel Amour, imitant leurs déhanchements lascifs et le frisson artificiel de leur chair.

Puis, par besoin de mouvement et d'ivresse, les soldats jouent et luttent, se roulant avec fureur, sur les nattes, sur les bancs, comme des enfants.

... Neuf heures. A la redoute, le clairon égrène les notes mélancoliques de l'extinction des feux; hâtive ici, pour éviter les malheurs.

Des hommes saouls jonchent les rues. Les cris et les chants s'achèvent et, seuls, montent dans l'obscurité étouffante, le râle et la plainte, toute la rage, toute la douleur du rut inassouvi des mâles appelant en vain, depuis des mois, les étreintes et les caresses, la chair de femme.

Les Marabouts

Au ksar de Beni-Ounif, le soir.

Une chambre fruste en très vieille toub grise, sorte d'antre aux parois irrégulières, au plafond bas en tiges de palmes noircies, toutes gondolées.

Une nudité vétuste de cellule. Rien qui marque le cours du temps, dans ce coin d'immobilité et d'insouciance musulmanes, chez ces gens qui assistent indifférents à la décrépitude des choses, qui ne relèvent jamais les ruines.

Collé sur le sol raboteux, un mince cierge de cire jaune éclaire faiblement la pièce. Le vent du soir pénètre par les crevasses de la muraille, et la flamme rouge vacille, promenant de grandes ombres noires sur les murs ternes. Au fond de la salle, des trous de ténèbres s'enfoncent, où s'accumulent des choses informes.

Dans le mur, presque à fleur de terre, une petite fenêtre carrée s'ouvre sur le sommeil des palmeraies, sur le rouge mourant du ciel, sur l'immense silence de la plaine.

Nous sommes à demi couchés en cercle, sur une natte élimée et un vieux tapis en lambeaux.

Au milieu, sur un plateau en étain, des petits verres aux couleurs tendres, historiés de naïves fleurs d'or, une théière en métal, un pain de sucre, tout le vieil attirail du thé de l'hospitalité marocaine, parfumé à la menthe poivrée, doux, lourd, grisant : le breuvage des causeries lentes, à voix basse, coupées de rêves.

Accroupi contre l'un des rudes piliers de terre, Ben-Aïssa, le marabout conteur d'histoires, pâle, d'une souriante laideur dans ses voiles terreux, prépare le thé, gravement, les coudes aux genoux, les bras nus seuls en mouvement dans la nonchalance lasse du corps.

Ma tête repose sur mes burnous pliés. Je regarde l'hôte, le meilleur assurément d'entre les sombres zoua de Bou-Amama, le plus simple et le moins astucieux, sorte de derouich accueillant et rieur... A côté de lui, étendu mollement, en une pose d'un grâce féline, mon compagnon occasionnel de route, l'ex-spahi Taïeb Rzaïni, enveloppé dans un mince burnous de laine neuve, aux longs plis moelleux. Un vague sourire à dents très blanches éclaire le bronze obscur de cette figure bédouine, sèche, linéaire, et l'ombre des grands yeux durs.

La lueur incertaine du cierge cisèle étrangement le mince profil d'oiseau de proie du grand mokhazni Abd-el-Hakem, son corps anguleux et robuste disparaissant sous la draperie lourde de son burnous bleu : un silencieux, celui-là, très fruste et très dépaysé dans le « service » du makhzen français (1).

Derrière eux, quelques immobiles silhouettes figuiguiennes, laines blanches encadrant des faces de cire. Tout au fond, un masque d'ébène, le khartani Tahar, demi-frère de Ben-Aïssa.

Tous se taisent, écoutant attentivement l'hôte qui parle de sa singulière voix rapide et saccadée, modulée parfois en plainte ou en caresse enfantine. Il nous raconte les histoires de jadis, les légendes, où défilent les saints de l'Islam et leurs miracles, les hauts faits des ancêtres, toute la vie âpre et violente des nomades et les mystères, les intrigues, la ruse et le sang qui assombrissent la vie ksourienne.

— Tu as vu, Si Mahmoud, la pierre qui est là, dehors, contre le mur de la maison ? Cette pierre a son histoire. Jadis, du vivant de notre saint maître Sidi Abdelkader Mohammed, patron de Figuig, — que Dieu nous fasse profiter de ses vertus ! — des querelles terribles éclataient sans cesse entre les différents ksour de Figuig, pour l'eau des seguia et des feggaguir. Chaque ksar, chaque fraction même, voulait capter les eaux et vouer ainsi les jardins du voisin à la sécheresse et à la mort.

(1) Variante des premières notes :
... Un silencieux celui-là, très fruste et tout dépaysé dans ce service du beylik français où l'appât de la solde l'a jeté.

Longtemps Sidi Abdelkader Mohammed exhorta les ksouriens à agir avec équité, à partager fraternellement l'eau que le Dispensateur de tous les biens leur donnait en abondance. Longtemps il leur parla, et sa parole avait la douceur et le parfum ambré du miel sauvage. Mais les impies sont sourds et l'œil des entêtés ne s'ouvre pas même au soleil éblouissant. Le sang coulait toujours, et les mains fratricides prenaient plus souvent le sabre que la pioche. Un jour, après un grand carnage entre les Hammamine, le saint homme de Dieu se lassa. Il arriva à la limite de la colère, et maudit les impies en ces termes : « Soyez maudits, ksour de Figuig, qui renfermez l'impiété, qui abritez la discorde et la cruauté ! Soyez maudits, vous et votre terre, et jusqu'aux pierres de vos montagnes » ! Alors trois pierres maraboutes se détachèrent du sol et furent emportées par la malédiction du saint. L'une d'elles se réfugia dans la koubba de Sidi Slimane, où on la voit encore. La seconde est restée sur le chemin des croyants, pour les instruire et les exhorter à la mansuétude. C'est celle près de laquelle nos ancêtres — Dieu leur accorde sa miséricorde ! — ont bâti cette maison, qui est très vieille. La troisième pierre...

— Si Ben Aïssa, combien d'années a-t-elle, ta demeure ?

Ben Aïssa esquisse un geste vague :

— Dieu seul le sait, car lui seul compte les années toujours semblables qui s'écoulent sur les créatures et les choses qui passent.

Depuis un instant, Taïeb est très occupé à préparer du kif, sur le fond d'un plat à couscouss en bois d'Ouezzan ; il coupe menu les branches et les feuilles de chanvre indien avec son long couteau marocain ; puis il frotte les morceaux entre ses deux mains, les réduit en poussière et les mélange avec du tabac maure pulvérisé.

Une très petite pipe en fer, sur un long tuyau en roseau, circule de l'un à l'autre.

Peu à peu tout se tait. Un lourd silence, où il n'y a rien des rêves érotiques qu'on attribue en Europe aux fumeurs de kif, pèse sur la vieille maison croulante, sur la salle emplie d'ombre et de fumée bleue. L'heure est tardive. Le petit cierge coule et s'éteint. Nous nous endormons en une douce quiétude, en un rêve vague qui flotte dans les limbes.

O volupté des logis de hasard où, insouciant, seul, ignoré de tous, on s'hallucine ! Ombre amie des ports provisoires, des haltes longues sur la route ensoleillée du vagabond libre ! Douceur infinie des rêves quintessenciés, dans les abîmes de silence, aux pays d'Islam !

Mériéma

Un ciel bas, opaque, incandescent, un terne soleil sans rayons, qui brûle pourtant. Sur la poussière qui couvre tout, sur les façades blanches ou grises des maisons, une réverbération morne, aveuglante, qui semble émaner d'un brasier intérieur. Aux crêtes anguleuses des collines arides, des flammes sombres couvent, et des fumées rousses s'amassent derrière les monts de Figuig.

Rien ne brille, rien ne vit, dans tout ce flamboiement. Parfois seulement une haleine de sécheresse vient, on ne sait de quelle fournaise lointaine, pour soulever de petits tourbillons de poussière qui fuient, rapides, vers l'Est, et se dissipent dans la vallée.

A la gare, entre les wagons noirs et les palissades éventrées, des gens attendent le train, Européens accablés, Arabes aux gestes las.

Des chevaux et des mulets, résignés, tendent leur col vers la terre, la tête pendante, les narines en sang.

Et sur tout cela un indicible silence, qu'on sent, et qui pèse. Ce n'est ni du repos, ni de la volupté, ce silence : c'est de l'alanguissement morbide allant jusqu'à l'angoisse.

Ce fut là l'une de mes premières impressions de Beni-Ounif (1).

... Pas de guide, nulle vision étrangère s'interposant entre mes sens et les choses, nulle explication oiseuse, tandis que j'errais, toute seule, dans ce coin de pays nouveau pour moi.

A la sortie du village, vers la gare, un pan de mur élevé d'un gris ardent de métal en fusion. Plus loin, au delà des rails bleus finissant dans une tranchée rouge, rien, la plaine semée de pierres noires, encore de la poussière, une nudité brûlante, infinie. Tout au pied du mur, un mince filet d'ombre fauve, transparente, sans fraîcheur.

Là, je vis Mériéma, accroupie devant un petit tas de vieille ferraille et de débris de toutes sortes.

Un corps nu, déjeté, déchu, des seins vides, pendants, une chair noire, affaissée, souillée d'ordures et de terre. Une tête crépue et rase de garçon, une face maigre, ridée, une bouche large et épaisse s'ouvrant sur de fortes dents jaunes, et des yeux à fleur de tête, de pauvres yeux de bête malade : un masque tristement simiesque de souffrance, de crainte et d'égarement.

(1) Variante des notes :
Ce fut là ma première impression de Beni-Ounif, un midi de siroco, au commencement d'octobre.

Elle dodelinait étrangement de la tête, en fouillant de ses longs doigts osseux son tas de chiffons et de balayures.

Et elle parlait sans s'arrêter, à la cantonade, en un incompréhensible idiome aux consonances barbares, que je sus plus tard être le kouri, vague langue nègre saharienne ou soudanaise.

Je lui parlai arabe. Son murmure continua, montant en une sorte de lamentation irritée

Je lui tendis la main. Elle m'étira alors successivement les phalanges des doigts, sans cesser son verbiage. Des grimaces de cauchemar convulsaient son visage.

Un Figuiguien qui la regardait me dit ;

— Tu sais, cette femme n'est pas d'ici. Elle était esclave chez des musulmans, à Méchéria ; elle était mariée ; elle avait un fils qui s'appelait Mahmoud. Vois ce que c'est que la destinée : cette Mériéma était pieuse, tranquille, sensée. Elle jouissait parmi les femmes d'une réputation de vertu. Puis, un jour, Dieu lui retira son fils. Alors elle devint folle et s'enfuit, seule et nue. Elle cessa de parler arabe, reprenant la langue de ses ancêtres, venus de très loin, bien au delà du Touat. Elle a parcouru comme cela les routes et les villages, vivant de la charité des croyants. Plusieurs fois, on l'a menée au ksar d'Oudarhir, à Figuig, où des musulmans pieux avaient soin d'elle. Mais elle revient toujours à Beni-Ounif.

Elle gîte sous des tas de planches. Pourtant, là, les enfants la persécutent et se moquent d'elle. Les soirs de dimanche, quand les légionnaires et les tirailleurs sont saouls, ils oublient qu'elle est une pauvre innocente et ils la violent, malgré ses plaintes et ses cris... L'homme ivre est semblable à la bête sauvage... Dieu nous préserve d'un sort misérable tel que celui de cette créature !

... Un matin de lumière. Le siroco s'est apaisé dans la plaine où, pendant des jours pesants, il a semé des cendres rousses.

A l'aube, un vent léger, venu du Nord, a secoué la poussière des dattiers qui reverdissent dans la vallée, autour du ksar d'ocre.

En des transparences vertes, le jour se lève. Les tirailleurs passent, s'en allant vers le lit de l'oued où quelques palmiers et des lauriers-roses poussent dans des filons de toub sanguine.

En tenue de toile blanche, avec leurs cuivres où le soleil levant allume des étincelles d'or et l'attirail plus sévère de la nouba arabe, les musiciens vont s'exercer, éveiller jusqu'à neuf heures les échos de la vallée morte de notes éclatantes de clairons, de notes plaintives et nasillardes de rhaïta, de martèlements sourds de tambours.

Ils traversent le village, et la gloire de l'heure matinale met un sourire sur leurs visages bruns aux dents blanches, une caresse sur leurs cous musclés et nus.

D'un geste sec, mécanique, tous les bras lèvent ensemble les cuivres, et une musique alerte, d'une gaieté insouciante, éclate.

Tout à coup, surgissant d'un trou d'ombre, comme un pantin noir, Mériéma parait. On l'a affublée d'une gandoura en loques et d'un vieux chapeau de femme, en paille, aux rubans bleus passés.

Précédant la troupe des tirailleurs qui rient, elle danse, elle saute, avec de petits cris de singe énervé. Peu à peu, accélérant ses mouvements, avec des déhanchements frénétiques, elle lacère sa gandoura et continue à danser, nue, avec seulement son chapeau, retenu par une ficelle.

Jusqu'aux carrières de toub, Mériéma accompagne la musique des tirailleurs qui s'en viennent dans la joie du matin sans nuages.

... Un jour de calme sur le désert silencieux, sur le village. Une légère buée blanche embrume le ciel que traversent des vols rapides d'oiseaux migrateurs. Dans le lit de l'oued, parmi les dalles noires, sous les frondaisons aiguës des dattiers bleus, Mériéma est assise.

Avec des oripeaux multicolores ramassés dans les rues, elle a orné les buissons, comme pour quelque cérémonie étrange d'un culte fétichiste.

En cadence, ses longs bras maigres et noueux élevés au-dessus de sa tête, elle frappe sur un vieux bidon en guise de tambourin.

Elle chante, sur un air monotone, d'une voix aigre de fausset, une inintelligible mélopée.

Une fumée âcre monte en spirales grises d'un petit brasier de crottes de chameau que la folle a allumé devant les arbres.

Pourtant, la terre répand une fade odeur de charnier, des ossements y traînent, une grande mare de sang s'irise, putréfiée... ce lieu sert d'abattoir.

Mais Mériéma ne voit pas la tuerie lamentable, les porcs immondes qui viennent retourner de leurs grouins avides les débris saignants, lécher le sang coagulé. Elle ne sent pas l'affreuse odeur de mort. Elle prie, elle psalmodie, elle pleure, retranchée à jamais de la communion des êtres, plongée dans la solitude lugubre de son âme obscurcie.

... J'ai rencontré Mériéma, pour la dernière fois, un soir de départ. Il était très tard; la lune décroissante se levait, blafarde, comme furtive, sur la plaine bleue. Et Mériéma dansait, toute nue et toute noire, seule sur une dune basse.

Lézards

Contre les murs effrités, que le temps a dorés et découpés en dentelures bizarres, le vent accumule peu à peu du sable.

Dans le bas où, sous terre, l'humidité dure, les ksouriens ont planté des dattiers aux frondaisons puissantes, jaillissant du sol et se courbant en arceaux.

C'est le commencement de l'automne, et des herbes menues poussent sous les palmiers. Dans l'ombre des vieux murs, l'air est d'une fraîcheur un peu salée. Au soleil encore chaud, des souffles de caresse passent.

Ce coin de la palmeraie d'Ounif est abandonné des fellah. Aucun bruit n'y parvient ; on y goûte un silence bienfaisant, quelque chose comme un acheminement lent vers la non-existence souhaitée.

Je suis couchée sur le sable depuis des instants ou depuis des heures, je ne sais plus. Le moindre mouvement troublerait l'harmonie de mes sensations ténues, fugitives.

Près de moi, Loupiot, mon chien noir, un

étrange griffon né et baptisé dans une caserne, partage mon immobilité. Assis, il prend des poses de cariatide pour guetter de vagues formes mouvantes, quelque part, au loin.

Le soleil tourne, glisse, oblique, sur un pan de mur où l'eau des pluies a creusé de petits sillons noirâtres.

Alors, sur la toub striée, des lézards viennent se délecter. Ils sont en face de moi, et, pendant longtemps, ils captivent mon attention.

Il y en a de tout petits, minces comme des aiguilles et d'un gris cendré, qui jouent à se poursuivre, rapides, flexibles, promenant très vite des cercles d'ombre légère sur la surface du mur.

D'autres, plus gros, bleutés, s'aplatissent et soufflent, gonflant leur ventre rugueux. Les plus beaux s'épanouissent en teintes rares, comme de longues fleurs vénéneuses. Il y en a surtout de très gros, d'un vert d'émeraude pur, le corps tout couvert de petites pustules dorées, semblables à des yeux de libellules. Sur leur tête plate, des lignes de pourpre tracent un dessin compliqué.

Ceux-ci sont tout à la volupté de la chaleur, étalés, paresseux, la queue molle et pendante. Ils s'immobilisent ainsi, assoupis, heureux, sans tomber pourtant. Parfois leur bouche s'ouvre, comme en un bâillement sensuel. Ils semblent pleins de dédain pour l'agitation puérile des petits lézards gris qui continuent leur course circulaire, comme pris de vertige.

Tout à coup le chien les aperçoit.

Il se lève et s'approche lentement, prudemment, sans bruit. Il tend son museau velu, l'œil intrigué, l'oreille dressée.

Il s'assied devant le mur et considère avec étonnement le jeu des lézards (1).

Mais le soleil descend vers l'horizon et projette l'ombre déformée du chien sur la famille des bêtes paisibles.

Alors rapides, effarés, les lézards s'enfuient, disparaissant dans les fissures de la vieille muraille, dans les trous d'ombre où ils habitaient.

Le mur reste nu et doré dans le soleil plus pâle du soir...

(1) Des premières notes :
Devant le mur il s'assit, et considéra avec étonnement le jeu des lézards, se retournant parfois comme pour s'assurer de ma présence ou pour me prendre à témoin.

Agonie

Le convoi de Béchar partit vers midi, emportant des madriers et des planches.

Messaouda, la chamelle grise de Maamar-ould-Djilali, affaiblie par de longues marches, n'alla pas loin : en face de la petite palmeraie de Mélias, ses longues pattes tremblèrent brusquement et fléchirent, elle s'agenouilla avec une plainte rauque, puis elle se renversa sur le côté.

Maammar connut que sa chamelle allait mourir et il invoqua Dieu, car une grande tristesse avait étreint son cœur bédouin.

Le convoi s'arrêta. Avec des cris et des imprécations, on fit agenouiller d'autres chameaux sur lesquels on partagea la charge de la bête mourante. On lui ôta jusqu'à son petit bât triangulaire et les loques qui protégeaient sa bosse pelée. Un instant, Maammar, ses bras musclés ballants, sa tête d'aigle courbée, considéra, atterré, sa chamelle. Puis, avec un soupir, il ramassa son bâton et repartit, poussant devant lui ses deux autres chameaux, avec un sifflement bref et un ah ! guttural.

...Le jour finissait en apothéose sur la vallée lugubre, enserrée entre des montagnes sévères et de petites collines sèches, arides, sans une herbe, d'une couleur terne de fumée rousse.

Des reflets d'incendie coulèrent sur les rochers, qui prirent des teintes de braise obscure.

La chamelle, affalée sur le sol ardent, vivait encore, résignée.

Pourtant, tout à coup, un long spasme agita son corps, depuis ses pattes étendues jusqu'à sa petite tête aux longues dents jaunes, aux grands yeux doux et douloureux qui pleuraient.

Et ces vraies larmes, lourdes et lentes, étaient d'une poignante et très déconcertante tristesse, sur cette face de bête primitive, soudain si étrangement rapprochée de notre humanité, dans l'angoisse de la mort.

... Après, ce fut une grande convulsion. Les pattes remuèrent, repliées, comme pour fuir.

Puis, le long cou souple s'étendit, se rejeta en arrière, en un geste d'un abandon suprême.

Les yeux devinrent vitreux, s'éteignirent. Le poil terni, les membres raides, Messaouda, la chamelle grise, était morte (1).

(1) Variante :
Le poil terni, les membres raides, comme aplatis contre terre et diminués déjà, Messaouda, la chamelle grise, était morte.

... Depuis trois jours, le convoi de Béchar avait passé sur la route, dans la vallée de Mélias.

Midi. Le soleil dardait à pic sur les dalles noires. La carcasse de la chamelle morte s'ouvrait béante.

Sur le long cou, parmi les vertèbres à nu, sur la petite tête, des lambeaux de poils soyeux subsistaient, souillés de sang coagulé. Sur les côtes, une peau mince restait tendue, avec des transparences rouges.

Au hasard des combats nocturnes, les chacals et les hyènes avaient ouvert le ventre de Messaouda, arrachant les entrailles et les viscères, qu'ils s'étaient ensuite disputés rageusement, avec des ululements funèbres.

Au soleil, des légions d'insectes nécrophores, d'un noir nuancé des saphirs et des émeraudes splendides de la putréfaction, grimpaient à l'assaut de la charogne.

Par petits lambeaux ils la dévoraient, hâtant l'œuvre de sa destruction.

Avec, jusqu'au tréfonds de leur chair mortelle, la crainte obscure des choses de la mort, les chevaux pointaient leurs oreilles nerveuses et s'écartaient brusquement des restes de Messaouda, abandonnée au bord de la route déserte de Béchar comme la coque d'une barque échouée sur la grève (1).

(1) Variante :
Quand des chevaux passent, ils pointent leurs oreilles

nerveuses, en reniflant, avec une peur obscure des choses de la mort dont ils frémissent, comme s'ils en sentaient le souffle pénétrer au plus profond de leur chair mortelle...

Et tremblants ils s'écartent de la chamelle grise, abandonnée sur le bord de la piste déserte, comme la coque d'une barque échouée sur la grève...

Marché

Le marché de Beni-Ounif, tous les matins.

Devant les cagnas basses du bureau arabe, une vingtaine de ksouriens et de Figuiguiens, vêtus de laine terreuse, accroupis devant des chiffons étalés. Des burnous en grosse laine avec de longues franges autour du capuchon, des peaux de filali (1), des paniers d'œufs, des tas d'oignons et de navets, des peaux de chevreaux pleines de beurre ou de goudron, des régimes de dattes dorées, des paquets de laine teinte en rouge, en vert, en violet : c'est tout.

Autour, des spahis, des mohkazni, des ordonnances, des Espagnols, se pressent et marchandent. Encore apeurés et fermés, les gens de l'Ouest répondent par des monosyllabes, la tête courbée farouchement.

L'appât du gain commence à les attirer, pourtant, et ils s'habituent peu à peu au calme et à la sécurité inaccoutumés.

(1) Peaux de chèvres tannées et teintes en rouge au Tafilalet.

« Le marché aux oignons, » disent par dérision les spahis, tous enfants du Tell ou des Hauts-Plateaux, pleins du dédain et de la haine héréditaire des Algériens pour les gens de l'Ouest.

A l'écart, sous des tentes de nomades étroites, en loques, pouilleuses, des juifs de Kenadsa forgent des bijoux.

Vêtus de gandoura vertes ou blanc sale, coiffés d'un petit turban noir sur leurs longs cheveux roux, ceux là ont des figures pâles et enflées de reclus, envahies de graisse malsaine. Accroupis, ils travaillent devant leurs petites forges, dans l'odeur fétide de leurs haillons et l'âcre fumée du métal en fusion. Leurs doigts osseux façonnent des bagues lourdes, de grosses agrafes pour femmes, ou de petites boules en argent pour parfumer le thé.

On leur donne des louis d'or et des douros d'argent qu'ils fondent et qu'ils transforment en bijoux.

Et là aussi des marchandages sans fin comblent le vide des heures, pour tant d'exilés.

Cet embryon de marché, un des gages de paix pour le pays, est aussi une des rares distractions d'Ounif, on y vient pour fuir le spleen du Sud, le cafard.

Djenan-ed-Dar

Il est, dans le décor pétrifié de Beni-Ounif, des soirs lourds, des soirs funèbres, où le siroco sème des cendres grises sur les choses, où le noir cafard envahit les âmes et les replie sur elles-mêmes en une angoisse morne.

Pas de calme et d'anéantissement voluptueux de l'être, dans ce paysage sans douceur, aux lignes dures, heurtées, aux couleurs éteintes.

Ces soirs-là, pour chercher les aspects connus et aimés du vrai désert berceur, je m'enfuis vers Djenan-ed-Dar, tout proche, petite poignée de poussière humaine, essai timide de vie perdu dans le vide et la stérilité de la plaine immense, libre, tranquille.

Au sud d'Ounif, la chaîne basse du Gara s'avance et finit en éperon arrondi, tout rose, éventré de larges plaies blanches qui sont des carrières.

Et là, au tournant, brusquement, tout change. C'est l'espace sans bornes, aux lignes douces, imprécises, ne s'imposant pas à l'œil, fuyant vers les inconnus de lumière.

Une monotonie harmonieuse des choses, un sol

ardent et rouge, un horizon de feu changeant.

Seule végétation, d'aspect minéral elle-même, le bossellement innombrable du « degaà » argenté que les soldats ont surnommé le « choux-fleur », l'étrange plante de la hamada de pierre, une agglomération serrée, ronde, de petites étoiles dures et aiguës, tenant au sol par une seule faible tige ligneuse.

Et rien d'autre, à peine quelques touffes d'alfa. Vers l'Est, vague comme un amas de nuages bleutés, une chaîne de montagnes et les dunes de la Zousfana, tachetées du noir des dattiers disséminés.

Au Sud, plus rien, l'horizon qui flambe vide et superbe... Très loin, à peine distincte, la silhouette rectiligne du Djebel-Sidi-Moumène qui s'éteint dans le rayonnement morne du ciel.

...Djenan-ed-Dar, une citadelle grise, sévère, toute neuve et toute seule sur une ondulation basse.

Vers la droite, un terrain de campement où des cités éphémères, des essaims de tentes blanches, fleurissent et se succèdent, en un presque continuel renouvellement.

Tirailleurs, légionnaires, viennent camper là, en attendant de se disperser dans les postes du Sud-Ouest. De petites vies provisoires s'y ébauchent; de petites habitudes s'y prennent. Puis, le lendemain, tout est fini, balayé, et très vite oublié.

... Plus loin encore, dans un bas-fond un peu fertile, quelques bouquets de dattiers aux troncs multiples, très hauts et très sveltes, abritent les masures en pisé du cercle des officiers.

Un coin de fraîcheur et d'oubli, où les heures d'attente coulent, lentes, devant l'opale des breuvages nostalgiques...

Encore un champ nu, semé de pierres, puis les murailles basses, lézardées, croulantes, de la vieille redoute où gîtent encore des spahis et des légionnaires.

A droite, ce qui servait de bureau arabe, quand Djenan-ed-Dar était le centre de la région : quatre ou cinq petits gourbis en terre et en planches dans une cour s'ouvrant sur le désert.

C'est là que je vais m'étendre, sur une toile de tente ou un couvre-pieds, pour le sommeil paisible des nuits insouciantes.

Un spahi et deux mokhazni gardent cette rue et assurent l'ordre dans l'ébauche de hameau. Derrière la vieille redoute, une rue, deux rangées de cahutes branlantes, cantines-boutiques, un café maure, une boucherie : tout cela commence dans le sable et finit aussitôt dans le vide. C'est tout. Bien peu de chose à côté de Beni-Ounif déjà prospère, en pleine activité, en pleine fièvre.

Et pourtant Djenan-ed-Dar a plus de caractère et plus d'originalité. C'est bien le village militaire, né des besoins de la guerre, et qui disparaîtra avec elle.

Et puis, à Djenan-ed-Dar, on commence à éprouver cette sensation d'éloignement, d'isolement dans l'immobilité du décor, que la présence du chemin de fer efface à Beni-Ounif, embryon d'une Biskra nouvelle.

Quelques mercantis espagnols ou juifs vivent des maigres sous des soldats arabes ou étrangers. Au fond de leurs masures en vieux matériaux ayant déjà servi ailleurs, en d'autres villages provisoires, les « pionniers de la civilisation » versent les élixirs d'oubli à ceux que terrasse le spleen.

Assise devant la porte de son gourbi noir, une maigre Espagnole, sans âge, au petit museau anguleux, à la dure crinière noire, attend, avec une passivité lasse, les soldats que les soirs de chaleur et de malaise, les soirs de rut sauvage, jettent sur son pauvre corps dolent.

Dès qu'un homme rentre, la femme ferme vite la porte à double tour. Dehors, des querelles éclatent, violentes, parfois des batailles, quand les mauvaises têtes de la légion se heurtent à celles des tirailleurs. Tous crient brutalement leur désir, sans honte, et cette pauvre loque d'apparence encore femelle prend à leurs yeux une grâce, un attrait, presque une beauté, dans leur détresse.

... Après quelques heures de promenade lente

dans Djenan, après des stations longues sur les nattes du café maure, je retourne vers les ruines du bureau arabe.

Là, à la lueur d'une bougie, c'est une gaie cuisine de sauce poivrée que nous faisons, les trois Arabes et moi. Puis, en buvant du café dans de vieux quarts en fer-blanc, j'écoute la nuit silencieuse tomber sur le désert.

Les mokhazni, enfants des steppes de Géryville, très primitifs et très songeurs, se taisent. Le spahi, Tlemcent rieur, chante de longues complaintes langoureuses, ou conte les légendes de son pays.

Lentement, doucement, je m'endors dans le calme de la cahute dont la porte ne ferme pas, dans la cour sans gardiens, grande ouverte sur l'obscurité du bled.

Douar du Makhzen

Comme Oued-Dermel, comme Aïn-Sefra, comme tous les postes de la région, Beni-Ounif a son douar du Makhzen, ses tentes rayées dressées sur la nudité pulvérulente de la terre.

Il est bien calme et bien somnolent en apparence, ce douar isolé vers le sud-est du ksar, à l'orée des jardins. Et pourtant il recèle des intrigues, des ébauches de romans, voire même des drames.

Amour du cercle d'Aïn-Sefra, Hamyan de Méchéria, Trafi de Géryville, beaucoup d'entre les mokhazni sont mariés et traînent à leur suite la smala des femmes et des enfants, que les besoins du service leur font abandonner pendant des mois.

Cavaliers volontaires, sans tenue d'engagement, ne subissant pas d'instruction militaire, les mokhazni sont, de tous les soldats musulmans que la France recrute en Algérie, ceux qui demeurent le plus intacts, conservant sous le burnous bleu leurs mœurs traditionnelles.

Ils restent aussi très attachés à la foi musulmane, à l'encontre de la plupart des tirailleurs et de beaucoup de spahis.

Cinq fois par jour on les voit s'écarter dans le désert et prier, graves, indifférents à tout ce qui les entoure; et ils sont très beaux ainsi, avec leurs gestes nobles, à cette heure où ils redeviennent eux-mêmes.

Pourtant, au contact des réguliers, spahis ou tirailleurs, beaucoup de mokhazni prennent un peu de l'esprit plus léger, plus frondeur, du troupier indigène. Sans aucun profit moral, ils s'affranchissent de quelques-unes des observances patriarcales, de la grande réserve de langage des nomades. Ils finissent aussi, à la longue, par considérer leurs tentes presque comme des gîtes de hasard.

Et puis, dans leur dure existence d'alertes continuelles, de fatigues, dans l'incertitude du lendemain, les intrigues d'amour, si goûtées déjà au douar natal, prennent une saveur et un charme plus grands.

Fatalement les mœurs se relâchent, et, au douar du Maghzen, on fait presque ouvertement ce qu'au pays on faisait sous le sceau du secret, dans l'obscurité des nuits où l'amour côtoie de près la tombe...

Tous les soirs, les belles tatouées, au teint bronzé et au regard farouche, s'en vont par groupes, sous leurs beaux haillons de laine pourpre ou bleu sombre, vers les feggaguir de l'oued.

Elles jasent et elles rient entre elles, graves seulement et silencieuses quand quelque musulman passe.

Les cavaliers en burnous bleu ou rouge, qui mènent à l'abreuvoir leurs petits chevaux vifs, passent le plus près possible des voluptueuses fontaines. Pas un mot entre eux et les bédouines. Et pourtant des offres, des aveux, des refus, des promesses, s'échangent par petits gestes discrets.

L'homme, très grave, passe sa main sur sa barbe. Cela signifie : Puisse-t-on me raser la barbe, m'enlever l'attribut visible de ma virilité, si je ne parviens pas à te posséder !

La femme répond, avec un sourire dans le regard, par un hochement de tête négatif, simple agacerie. Puis, furtivement, méfiante même de ses compagnes, elle esquisse un léger mouvement de la main.

Cela suffit, la promesse est faite. Il en coûtera quelques hardes aux couleurs chatoyantes, achetées chez le Mozabite, ou quelques pièces blanches, pas beaucoup.

Puis, plus tard, la passion s'emparera des deux amants, peut-être la passion arabe, tourmentée, jalouse, qui souvent prend les apparences de la folie, jetant les hommes hors de leur impassibilité apparente ordinaire.

... Ainsi, en même temps qu'il est un campement de soldats durs à la peine et vaillants, le douar du Maghzen est aussi une petite cité d'amours éphémères et dangereuses, car ici les coups de feu partent facilement, et il est si facile de les attribuer à un djich quelconque !.. Le bled n'a pas d'échos.

Les mokhazni célibataires couchent à la belle étoile, dans la cour du bureau arabe provisoire.

Les hommes de garde eux-mêmes sommeillent roulés dans leur burnous, avec l'insouciance absolue des gens du Sud, accoutumés depuis toujours à sentir le danger tout proche dans l'ombre des nuits.

Et ce sont ces mokhazni isolés qui hantent le plus audacieusement les abords du douar, et qui braconnent le plus souvent dans le domaine de leurs camarades mariés qu'ils jalousent, et qu'ils méprisent un peu, d'être de si malheureux époux.

Nomades campés

Un grand convoi de chameaux et des goums de cavaliers, arrivés un jour gris d'automne, campent dans la vallée, près des palmeraies.

Quelques tentes blanches d'officiers ou de caïds au milieu d'un entassement chaotique de choses, parmi les chevaux entravés et hennissants, et les chameaux qui s'agenouillent avec des plaintes sourdes.

Des amas de haraïr (1), des lambeaux de tapis, des couvertures, des marmites enfumées, des outres velues suspendues entre trois matraques en faisceau, l'éclair d'une gamelle neuve dans le fouillis des loques bédouines, aux couleurs chaudes et sombres où dominent le rouge et le noir roussi... Tout cela s'accumule et se mêle en un sauvage et magnifique désordre.

Des hommes circulent, se reconnaissent, s'installent.

Goumiers en burnous blanc, la ceinture héris-

(1) *Haraïr*, pluriel de *harara*, longs sacs en laine noire et grise qu'on accouple sur le bât des chameaux.

sée de cartouches ; sokhar (convoyeurs), vrais hommes du désert, maigres et tannés, robustes sous la chemise de coton effilochée et terreuse, serrée à la ceinture par une courroie de cuir brut ou une corde, avec la naala (sandale) aux pieds, tout couturés de cicatrices anciennes, la tête simplement voilée d'un linge, avec parfois de petites nattes de cheveux retombant le long des joues... Hommes restés tels qu'ils devaient être au temps des patriarches et des prophètes, à l'aube du monde...

Les bach-hammar, chefs de groupes de seize sokhar, galopent sur leurs chevaux maigres et crient des ordres.

En quelques heures, ces arrivées de goums et de convois changent l'aspect de la vallée grise qui semble servir d'assises provisoires à tout un peuple en migration.

Très archaïques et très impressionnants, ces déballages de vieilles choses qui ne changent pas à travers les siècles, ces arrivages de gens aux costumes et aux gestes de jadis, venus là pour quelques jours, et qui, un matin prochain, s'ébranleront de nouveau, reficelant, remportant au loin leurs beaux et pauvres bagages nomades.

... Le jour d'hiver se lève sur la hamada de pierre noire. A l'horizon, au-dessus des dunes de la Zousfana, une lueur sulfureuse pâlit les lourdes nuées grises. Les montagnes, les collines embuées, se profilent en vagues silhouettes d'une teinte neutre sur le ciel opaque. La palmeraie, transie, aux têtes échevelées des dattiers, s'emplit de poussière blafarde, et les vieilles maisons en toub, debout au milieu des ruines, émergent, jaunâtres, comme salies de l'ombre trouble de la vallée, au delà des grands cimetières isolés.

Le désert a dépouillé sa parure de lumière et un voile de deuil immense plane sur lui.

Aux camps, autour des chevaux couverts de soie en loques, autour des chameaux, goumiers et sokhar s'éveillent. Un murmure monte des tas de burnous humides roulés sur le sol dur.

Au réveil, maussades, les chameaux bousculés commencent à se plaindre. En silence, sans entrain, les nomades se lèvent et allument des feux. Dans l'humidité froide, les djerid fument, sans gaîté.

... Le vent glacé balaye brusquement les camps ; il soulève des tourbillons de poussière et de fumée, faisant claquer la toile tendue de la tente du chef de goum, ornée d'un fanion tricolore.

La silhouette du lieutenant français passe. Placide, l'œil triste, les mains fourrées dans les poches de son pantalon de toile bleue, il fume sa pipe en inspectant distraitement hommes et bêtes.

Lui aussi sent peser sur lui le malaise de ce matin de recommencement, après des mois et des mois de ce dur métier de « meneur de chameaux », comme il dit, toujours en route, toujours seul, avec, pour unique consolation, cette pipe mélancolique où se consument en fumées légères les heures monotones de sa vie...

Les nomades préparent le café dans leurs gamelles d'étain, puis, sous le vent qui glapit, ils se lèvent lentement, paresseusement, secouant la terre qui alourdit leurs burnous.

Ils vaquent aux menus soins du camp.

Les goumiers et les sokhar jettent des brassées d'alfa devant leurs bêtes. On fait un pansage sommaire au cheval gris de l'officier. Quelques-uns, assis dans la fumée des feux, commencent des reprises aux harnachements ou à leurs burnous. D'autres montent au village, pour d'interminables marchandages chez les juifs et de longues beuveries de thé marocain, dans les salles frustes des cafés maures.

Des chameaux grognent et mordent leurs haraïr. Un cheval se détache et galope furieusement à travers les camps. Deux hommes se disputent pour une brassée d'alfa... Et c'est tout, comme tous les jours, dans l'ennui des heures longues, des heures d'attente.

Depuis longtemps les nomades ont oublié la solitude de leur existence traditionnelle, sur les Hauts-Plateaux, sans autre souci que leurs troupeaux et les éternelles querelles de groupes à fractions, que vident parfois quelques coups de fusil sans échos.

Depuis longtemps, ils marchent ainsi à travers le désert, avec les colonnes et les convois, dans la continuelle insécurité du pays sillonné de bandes affamées, tenues comme des troupeaux de chacals guetteurs dans les défilés inaccessibles de la montagne.

Maintenant l'hiver va venir, le sombre hiver glacial, les nuits sans abri, près des brasiers sans chaleur. Et, avec la grande résignation de leur race, ils se sont habitués à cette vie, parce que, comme tout ici-bas, elle vient de Dieu.

Dans ces voisinages de hasard, des amitiés de plat et de couchage sont nées parmi les nomades, de ces rapides fraternités de soldats qui se déclarent un jour, à première vue, et qui ne durent pas.

Ce sont de petits groupes d'hommes qui attachent ensemble leurs chevaux, ou qui poussent leurs chameaux vers le même coin du camp, qui mangent dans la même grande écuelle de bois, qui mettent en commun les intérêts peu compliqués de leur vie : achats de denrées, soins des bêtes — leur seule fortune — et parfois aussi, les incursions clandestines chez les belles convoitées, au douar du Makhzen, voire même chez les Amouriat de Figuig, les maigres dissidentes prostituées de Zenaga et d'Oudarhir.

Mélopées sahariennes

C'est le soir, l'heure des chants, des longues mélopées, improvisations naïves et poignantes sur les choses de la guerre et de l'amour, sur l'exil et la mort, à la manière des antiques rapsodes.

Les chefs nous annoncent une expédition lointaine ;
Mon cœur est mon avertisseur,
Il m'annonce une mort prochaine.
Qui me verra mourir? qui priera pour moi ?
Qui fera pour ma mémoire l'aumône sur ma tombe ?
Ah ! qui sait ce que me réserve la destinée de Dieu !
Ma gazelle blanche m'oubliera.
Un autre montera ma douce cavale...
O cœur, tais-toi ! Ne pleure pas, mon œil !
Car les larmes ne servent à rien.
Nul n'obtiendra ce qui n'était pas écrit,
Et ce qui est écrit, nul ne l'évitera...
Calme-toi, mon âme, jusqu'à ce que Dieu ait pitié,
Et si tu ne parviens pas à te calmer, il y a la mort...

Les chanteurs modulent leurs élégies, accompagnées du djouak doux, le petit chalumeau bédouin, aux mystérieux susurrements, coupés parfois aussi par les cris sauvages et les stridences de la rhaïta.

... Après un crépuscule de sang trouble, sous la voûte tout de suite noire des nuages, la nuit est tombée, lourde, opaque.

Les feux s'allument, nombreux, feux de djerid secs aux grandes flammes joyeuses, montant, toutes droites dans les ténèbres, feux de fiente de chameaux, petits brasiers aux rougeoiements ternes.

Une brise souffle ; les lueurs vacillent, arrachant de l'ombre des formes vagues, étranges, des groupes et des attitudes de fantômes.

Une silhouette anguleuse et noire de chameau se déforme, presque effrayante. Une ombre de cheval blanc secoue sa longue crinière.

Autour d'un grand feu clair, un groupe blanc de Bédouins debout, agitant comme de grandes ailes les pans mous de leurs burnous. D'autres, assis en rond, s'occupent aux préparatifs du repas. Parmi leurs profils aigus d'hommes de proie, il est quelques figures très sobres et de lignes pures, où un sang asiatique moins mêlé a conservé l'antique beauté arabe.

Attitudes de repos et d'abandon, groupements vagues de corps couchés... Puis, tout à coup, sans cause apparente, des agitations, des gestes superbes, sous des draperies violemment éclairées...

Longtemps, les nomades veillent dans la fièvre de l'arrivée.

... Mais, en haut, sur le plateau de la redoute, les clairons égrènent les notes traînantes de l'extinction des feux... Peu à peu les brasiers baissent et s'éteignent. La nuit s'épaissit sur les camps, es nomades se roulent dans leurs loques et s'étendent à terre, pour l'insouciant sommeil, le fusil ou la matraque sous leur tête, avec leur chaussure en guise d'oreiller.

Près du dernier feu, un jeune homme qui porte deux petites tresses de cheveux noirs retombant le long de ses joues aux méplats puissants, remue les cendres du bout de son bâton, en chantant encore, presque en sourdine (1) :

(1) Variante des premières notes :

Deux mokhazni du cercle de Géryville, tout jeunes enfants de la steppe d'alfa aux horizons larges, s'asseoient l'un en face de l'autre et se mettent à chanter une cantilène plaintive, dont le refrain est un long cri triste qui finit en une sorte de râle désolé.

D'abord ils semblent sommeiller, les yeux clos, et leur voix est comme un susurrement d'eau qui coule :

« Hier, toute la journée, je me suis plaint et j'ai pleuré : — je regrettais ma tente ; je regrettais ma gazelle. — Aujourd'hui le soleil m'a regardé — et le chagrin s'est éloigné de mon cœur. »

Insensiblement, les voix montent, s'affermissent, deviennent plus rapides.

— « Tais-toi, ô mon cœur, et ne pleure pas, ô mon œil ! — Les larmes ne servent de rien. — Nul ne peut obtenir ce qui n'était pas écrit — Et ce qui est écrit, nul ne saurait l'éviter. — Notre pays est le pays de la poudre, — et nos ombeaux sont marqués dans le sable. — Calme-toi, ô mon âme, tais-toi jusqu'à ce que guérisse ta blessure — et si elle ne guérit pas, console-toi, il y a la mort... »

Alors, du cercle des mokhazni, une autre voix s'élève, plus fruste et plus rauque, qui pleure une plainte désolée sur le sort du soldat musulman :

— Dieu m'a abandonné, car je suis un pécheur. — J'ai quitté ma tribu et ma tente; — j'ai revêtu le burnous bleu; — j'ai pris pour épouse le fusil. — Les chefs nous annoncent un départ lointain. — Mon cœur est mon avertisseur, il m'annonce une mort prochaine. — Demain, ce sera l'heure qui sonnera : — l'ange de la mort s'approchera! — Sera-ce un Guilil haillonneux ou un Filali sans pitié dont la balle m'anéantira ? — Ceci est parmi les secrets de Dieu. — Et qui priera sur moi la prière des morts ? — Qui pleurera sur ma tombe ? Je mourrai, et nul n'aura pitié de moi. »

Les voix, plus nombreuses, montent dans la nuit tranquille, et les chalumeaux murmurent d'immatérielles tristesses.

Hier, tout le jour j'ai pleuré :
J'ai regretté ma tente,
J'ai regretté ma gazelle.
Aujourd'hui le soleil s'est levé et j'ai souri...

Il y en a qui sont allés au Tafilalet, à Béchar,
D'autres qui étaient présents, qui ont combattu
Aux jours de Timmimoun et d'El-Moungar.
Dieu les a protégés.
D'autres n'ont jamais quitté leurs tentes,
Et ceux-là sont morts...
La vie est entre les mains de Dieu,
Et il n'y a qu'une mort.
Ne pense à rien, ne cèle aucune pensée dans ton cœur.
Notre pays est le pays de la poudre,
Nos tombeaux sont marqués dans le sable,
Et ta tombe est ouverte, ô fils de Mimoun !..

Départ de caravane

Derniers beaux jours où le désert semble se recueillir avant l'horreur des tourmentes de sable.

Le ciel pâle se voile de buée laiteuse. Pas de vent ; à peine parfois un souffle léger, encore tiède. A Beni-Ounif, c'est un va-et-vient fiévreux, une activité insolite, le grand convoi de Beni-Abbès, qui ravitaille aussi les lointaines oasis sahariennes, va s'ébranler demain.

Pour les goumiers de Géryville, l'ordre de partir est arrivé : ils s'en vont à Béchar. La cité nomade va se disperser dans les hamada et les solitudes de sable.

Accroupis en cercle, par petits groupes, dans les rues du village, parmi les tas de pierres et les plâtras, les mokhazni bleus, les spahis rouges et les nomades fauves partagent tumultueusement des vivres et de l'argent ; avant de se séparer on liquide les vies communes, provisoires, finies.

... Vers la Zousfana, dans la nuit limpide, une aube se lève. Au milieu de l'amoncellement chaotique et noir des camps, quelques flammes rouges se raniment sur les brasiers de la veille. Puis un grand murmure grave, monotone, monte de tout ce sommeil déjà troublé des hommes et des bêtes : ce sont les nomades qui prient. Ils invoquent à voix haute le Seigneur de la pointe du jour (1).

(1) Premières notes :

Vers l'Ouest, très loin, quelques vagues montagnes aux formes étranges à peine distinctes : cônes tronqués, arêtes dentelées ou terrasses... Autour, une plaine infinie, brûlée, rouge, au sol craquelé, avec l'innombrable semis des touffes d'alfa vertes par le bas, s'échevelant en flocons gris vers le haut des tiges desséchées : le mouchetage sombre d'une peau de panthère étalée sous la limpidité tiède du ciel d'automne.

Des brises légères passent sur la plaine et la caressent. Sur des chevaux secs, tout en os et en tendons, le poil gris hérissé et l'œil ardent, des cavaliers viennent au pas. Le burnous noir et le lourd haïk de laine terreuse leur donnent grand air.

Ils ont des visages minces, de lignes sobres, de traits durs, avec la lueur fauve des yeux de l'aigle. Belle prestance, gestes larges, attitudes dignes... On les prendrait presque pour des marabouts, sans leur fusil qu'ils portent en bandoulière ou dressé, la crosse appuyée sur le genou. Bach-hamar de convois, ils sont aussi, à l'occasion, des hommes de guerre, braves par tradition et par indifférence profonde pour la mort.

Loin derrière eux, disséminés dans l'alfa, des nomades s'en viennent, le front ceint de cordelettes fauves sur un voile mince, le bâton en travers des épaules, bombant de maigres poitrines tannées, sillonnées de muscles épais, dans l'entrebâillement des haillons couleur de poussière ; ils poussent devant eux leurs grandes bêtes lentes, sans charges, avec seulement le petit bât triangulaire.

Les longs cous souples se tendent ; les museaux lippus

La lumière d'abord hésitante, comme furtive, gagne le zénith, et les grandes étoiles qui brillaient pâlissent et s'éteignent.

Seul, le Bordj-en-Nehar, l'étoile du matin, luit,

broutent quelques maigres buissons gris, tapis entre les pierres noires et les touffes d'alfa.

Les chameaux s'arrêtent. Puis, comme cela dure trop longtemps, les sokhar ont un cri rauque, un *ah !* guttural sorti du fond de leur gosier de cuivre, et un sifflement bref. Les cous onduleux se redressent lentement, et les têtes tenant à la fois du serpent et du mouton, les étranges têtes dédaigneuses aux yeux doux, reprennent leur balancement régulier. Les longues dents jaunes ruminent avec un bruit continu de moulin.

La troupe passe. Les hommes, plus petits, disparaissent les premiers dans le moutonnement infini de l'alfa. Puis ce sont les chameaux qui se déforment, s'arrondissent, se confondent avec les vagues ondulations du sol.

... Il en vient ainsi de tous les cercles, de tous les douars des Hauts Plateaux, qui descendent vers le Sud, traversant lentement les solitudes souriantes, qu'eux seuls, pasteurs et errants, connaissent et aiment, de l'inconscient amour des gazelles et des oiseaux sauvages.

... Ce sont les derniers beaux jours avant les tourmentes de sable. Le ciel pâle se voile de buée laiteuse. Pas de vent, à peine parfois un souffle tiède.

A Beni-Ounif, dans la vallée, près du ksar, une éclosion soudaine de vie bruyante.

Des nomades arrivent tous les jours, avec de longues théories de chameaux, pour camper à côté des goumiers.

Les campements des sokhar sont plus frustes et plus confus, plus colorés aussi.

C'est un entassement chaotique de choses : les haraïr, les longs sacs étroits en grosse laine grise et noire qu'on accouple aux côtés du bât des chameaux, les lampe de joie et d'espérance allumée dans la nativité souriante du jour.

A l'Est très bas encore, quelques nuées légères s'embrasent, nageant en des transparences d'or vert, océaniques.

Et c'est un ruissellement de lumière opaline sur

lambeaux de tapis, les couvertures effilochées parmi les marmites enfumées, les outres velues suspendues entre trois bâtons en faisceau, l'éclair d'une gamelle d'étain neuve dans l'amas des loques bédouines, aux couleurs sombres et chaudes où dominent le rouge et le noir roussi ; tout s'accumule et se mêle autour des feux de palmes sèches ou de fiente, parmi les chameaux couchés, qui ruminent, tandis que d'autres semblent rêver, dominant tout de leurs hautes silhouettes anguleuses.

Les camaraderies de couchage et de plat, nées sur la route longue, se continuent ; d'autres naissent ; quelques-unes se rompent avec des disputes terribles... Alors, parfois, le sang coule.

... Et il en vient toujours, de ces sokhar et de ces chameaux dans la vallée qui semble servir d'asile à tout un peuple en migration, comme aux premiers âges du monde.

... A la redoute, le clairon lance les notes enrouées d'abord, puis éclatantes et impérieuses du réveil.

Devant les petites masures encore ensommeillées du bureau arabe, quelques burnous bleus ou rouges passent parmi les haillons verts ou noirs des juifs nomades de Kenadsa, venus du Sud pour vendre des bijoux d'argent et d'or.

Chez les goumiers aussi il y a un mouvement insolite : les Amours d'Aïn-Sefra s'en vont en colonne vers l'Ouest, à Béchar. Les Trafi de Géryville descendent vers Taghit et Beni-Abbès pour protéger un convoi. Les noms d'El-Moungar et de Zafrani évoquent encore un frisson de mort.

la rue où s'éveille la vie qui, à cette heure première, semble légère et bonne.

Tout de suite les camps s'emplissent de bruits confus, de cris.

Les chameaux se lèvent à contre-cœur, avec des plaintes mécontentes, pour remonter vers le vil-

... Et voilà, enfin, après plusieurs heures de travail et de cris, que tous les chameaux, près de deux mille, sont massés parmi les chargements à prendre.

Ils sont debout, et le soleil oblique glisse dans l'innombrable fouillis des grandes pattes immobiles, sur les têtes qui ondulent, curieuses, attentives, et sur les dos et les flancs fauves, gris, blanc terne, bruns ou roux...

Quelques petits chamelons impayables, la longue tête douce et naïve, avec des grâces de grands oiseaux au duvet sombre, se pressent contre les mères, cherchant de la lippe déjà velue la mamelle pointue.

Maintenant, les sokhar font agenouiller les bêtes, à petits coups de bâton au-dessous du genou. On commence à charger. Alors, c'est un tumulte indescriptible, des querelles éclatent autour de chaque chameau, avec des cris furieux, des exclamations gutturales, des injures et des gestes échevelés, comme si cela devait finir par un massacre. On prend Dieu à témoin et on atteste le Prophète pour un schritt, une ficelle de fibres de dattier mal attachée, pour une fermeture de sac...

Tout cela dure sans aucun souci de l'heure qui s'écoule. Plus cela va, et plus le bruit augmente.

Des Arabes grinçants, des cavaliers lancés au galop, passent, mettant le désordre et l'épouvante parmi les chameaux qui se lèvent, jetent les charges à moitié amassées et fuient, poursuivis par les imprécations des sokhar.

Les bach-hamar, à cheval dès le matin, le bâton à la main, harcèlent et pressent leurs hommes, vociférant des ordres, menaçant, frappant même parfois.

lage, où pendant des heures ils stationneront entre la gare et la redoute, parmi les tas de sacs gonflés, les planches, les cantines, les caisses portant des adresses lointaines : Taghit, Igli, Beni-Abbès, In-Salah, Adrar...

A la redoute, le clairon lance les notes en-

De très loin les Bédouins s'interpellent et se parlent, parvenant à se comprendre.

Oh ! ces gosiers des hommes du Sud, en quel airain sont-ils, qu'ils ne se rompent et ne saignent de tous ces cris profonds, de ces appels qui sonnent comme des notes de trompettes ?

Quelques chameaux se révoltent, s'enfuient, piétinent sur place ; des chevaux se cabrent.

Le vent qui se lève fait claquer les loques comme des voiles gonflées, dans la poussière soulevée.

Les tenues militaires, les burnous écarlates ou bleus, font des taches gaies sur toute cette houle de couleurs sombres ou terreuses.

Des voix françaises, trop faibles, essayent de percer les cris bédouins et se perdent.

Et c'est la voix rauque et sauvage, la plainte continue, immense des chameaux qui domine tout ce bruit, qui monte, emplissant la plaine, jusqu'au silence éternel des lointains.

... Pourtant elle va finir, cette grande vision de vie primitive, dont on ne reverra bientôt plus la splendeur, avec la sécurité et le chemin de fer.

Des tirailleurs de l'escorte, en chéchias et ceintures écarlates sur la toile blanche de la tenue de campagne, s'ébranlent et défilent avec un piétinement nombreux de troupeau. Le soleil allume des éclairs blancs sur l'acier des fusils.

Un goum file vers l'Ouest, derrière la redoute, avec ses fanions tricolores par-dessus le blanc terne des burnous.

Tout est chargé, c'est fini.

rouées d'abord, puis éclatantes et impérieuses du réveil.

Devant les petites masures encore ensommeillées du bureau arabe, quelques burnous bleus ou rouges passent parmi les haillons verts ou noirs des juifs de Kenadsa, venus du Sud pour vendre leurs bijoux forgés.

Enfin, après plusieurs heures de travail, les chameaux, près de deux mille, sont massés parmi les chargements à prendre.

Ils sont debout, et le soleil oblique glisse dans l'innombrable fouillis des grandes pattes immobiles, sur les têtes qui ondulent, curieuses, attentives, sur le bossellement des dos et des flancs pelés, gris, blanc terne, bruns ou roux...

Quelques petits chamelons drôles, la longue tête douce, d'une naïveté d'expression étrangement enfantine, avec des grâces de grands oiseaux au duvet sombre, se pressent contre leurs mères, leur lippe déjà velue cherchant la mamelle pointue.

Maintenant, les sokhar font agenouiller leurs

Lentement, les chameaux redescendent dans la vallée qu'ils traversent, s'en allant vers Djenan-ed-Dar.

Pendant une heure, ils se déploient en une file interminable, qui ondule à travers la plaine où le soleil dore la poussière.

Puis, à l'horizon rougeâtre où traînent des buées ardentes, le convoi disparaît, s'évanouit.

bêtes à petits coups de bâton au-dessous des genoux.

On commence à charger.

Alors c'est un vacarme indescriptible, des querelles qui éclatent autour de chaque bête, avec des cris furieux, des exclamations gutturales, des injures et des gestes échevelés, comme si tout cela allait finir par un massacre.

On prend Dieu à témoin ; on atteste le Prophète pour une ficelle en fibres de palmier mal attachée, pour une fermeture de sac. Et cela dure sans aucun souci de l'heure, avec un bruit qui augmente.

Les arabas grinçantes du train des équipages, et des cavaliers lancés au galop passent, mettant le désordre et l'épouvante parmi les chameaux qui se relèvent brusquement, jetant leurs charges à moitié amassées et s'enfuient, poursuivis par les imprécations des sokhar.

Les bach-hammar, à cheval dès le matin, le bâton à la main, harcèlent et pressent leurs hommes, vociférant des ordres, menaçant, frappant.

De très loin, les nomades s'interpellent et se parlent avec des grands cris traînants.

Oh ! ces gosiers des gens du Sud, en quel airain sont-ils, qu'ils ne se rompent et ne saignent pas, de tous ces cris profonds, de ces appels qui sonnent comme des notes de trompettes?

Quelques chameaux se révoltent, piétinent sur

place ou se sauvent lourdement sur trois pattes, la quatrième repliée.

Des chevaux se cabrent, hennissant aux juments qui passent. Le vent se lève tout à coup et fait claquer les loques comme des voiles gonflées. Des tourbillons de poussière emplissent le camp, brûlant les yeux, desséchant les poitrines.

Les tenues militaires, les burnous rouges ou bleus jettent quelques taches gaies sur cette houle de couleurs sombres ou terreuses.

... L'heure passe, et les chefs, perdant la tête, courent pour activer le départ, et crient eux aussi. Mais leurs voix françaises sont trop faibles pour percer les cris bédouins, et elles se perdent dans le vacarme qui augmente avec la fièvre des derniers instants.

Et c'est la voix rauque et sauvage, la plainte continue, immense des chameaux qui domine tout ce tumulte qui monte, emplissant la plaine, jusqu'au silence éternel des lointains.

... Pourtant elle va finir cette grande vision de vie primitive dont on ne reverra bientôt plus l'inoubliable splendeur, avec la sécurité et les chemins de fer...

Contournant le coin de la redoute, un goum part le premier, au trot, vers l'Ouest, avec ses fanions tricolores, par-dessus le blanc terne des burnous et les robes poussiéreuses des chevaux :

ce sont les Trafi de Géryville qui accompagneront le petit convoi de Béchar.

Un autre goum, celui des Amour d'Aïn-Sefra, devance le grand convoi de Beni-Ounif, prenant la route du Sud.

Les tirailleurs de l'escorte, en chéchias et ceintures écarlates sur la toile blanche de la tenue de campagne, s'ébranlent et défilent avec un piétinement nombreux de troupeau. Le soleil allume des éclairs blancs sur l'acier des fusils.

Les chameaux, debout, se taisent, comme recueillis, et descendent dans la vallée, s'en allant vers Djenan-ed Dar. Pendant une heure ils se déploient en une file interminable qui ondule à travers la plaine. Le soleil dore la poussière. A l'horizon rougeâtre où flottent des buées ardentes, le convoi s'évanouit.

La Bible

Au crépuscule, le dimanche, l'ivresse montait, dans Djenan-ed-Dar, et l'alcool roulait sa folie triste et ses chants d'exil à travers les cantines et les rues de sable.

Il y avait pourtant un coin tranquille, où j'allais m'isoler, aux heures où je n'éprouvais plus le besoin douloureux d'errer parmi les groupes, de me plonger en pleine géhenne...

C'était derrière l'unique café maure, sur un vieux banc boiteux qu'étayait un bidon à pétrole.

Là, plus de bruit, plus rien. Une petite vallée nue, une dune basse et, derrière, l'incendie du jour finissant.

De la salle enfumée, des mélopées arabes, des plaintes lentes de chalumeaux, des lamentations de rhaïta venaient, se perdant dans le silence.

On était bien là, pour s'étendre et rêver, en une dispersion délicieuse de l'être.

... Une fois, je trouvai un légionnaire assis sur mon banc. Figure germanique et blonde sous le fort hâle du Sud, regard réfléchi, presque triste.

Au bout d'un instant s'engagea la conversation, par petites phrases d'abord.

Pour répondre à l'étonnement du légionnaire d'entendre un Arabe lui parler, tant bien que mal, la langue de chez lui, je contai une histoire quelconque.

Alors il se mit à évoquer des réminiscences lointaines, faisant passer devant moi, avec un certain art inconscient, toute une épopée de vie gâchée, de trimardage à travers le monde, qui me le rendit sympathique.

Né à Dusseldorf, étudiant en droit, il avait été pris, à vingt ans, d'un invincible besoin de voyages et d'aventures. Il s'était engagé. On l'avait envoyé en Chine, sous les ordres du maréchal de Waldersee.

Un jour, il avait déserté, sur la route du retour, par dégoût de la caserne. Il avait été tour à tour saltimbanque dans les ports chinois, scribe dans un consulat, puis matelot. Enfin, cinq ans après avoir quitté sa ville natale, il était venu échouer à Alger, sans ressources, et il s'était engagé dans la légion.

Auguste Seemann revivait sans regret les années qui s'étaient écoulées. Sa vie était gâchée, c'était vrai, mais après tout qu'importait ? Il ne s'était pas ennuyé ; il avait vu du pays ; il connaissait maintenant les hommes et les choses.

... Nous devînmes vite camarades, le déserteur et moi, et, presque toutes les fois que je venais à Djenan-ed-Dar, il s'empressait de me rejoindre au café maure, qu'il préférait aux cantines tumultueuses, car il ne buvait pas.

Un soir, Seeman, me dit :

— Le malheur ici, c'est qu'on ne trouve rien à lire. . jamais, même un journal ! On s'abrutit à vivre comme des bêtes. Il ferait bon, à cette heure, lire ici, ensemble, en prenant le café.

Il eut comme une hésitation.

— J'ai bien un livre... Mais voilà, toi, tu n'es pas chrétien, et tu ne voudrais sans doute pas...

Je lui parlai de la proche parenté de l'Islam et du vieux judaïsme, de leur même farouche monothéisme. Alors, tout joyeux, il courut à la vieille redoute, dans sa fruste chambrée de toub croulante.

Quand il revint, il déplia pieusement un très ancien foulard de cachemire jaune.

La reliure de maroquin noir de sa Bible s'illustrait d'une croix couchée obliquement sur une aube d'or, un large soleil se levant sur un vague horizon obscur.

Des noms allemands et des dates déjà anciennes rappelaient des souvenirs de jadis, écrits en belles lettres gothiques, sur la garde jaunie du livre. Entre les feuillets minces, usés, des fleurs naïves pâlissaient, pensées, églantines, violettes mortes, tombant en poussière, cueillies sur des prairies lointaines.

— C'est la bible que le pasteur de chez nous a remise à ma mère le jour de son mariage. C'est tout ce que j'ai gardé d'elle et de la chère maison là-bas...

Un instant, la voix du légionnaire parut trembler un peu. Puis, ouvrant le livre sur les lamentations et les prophéties de destruction du grand Isaïe, il lut gravement, psalmodiant presque.

... Sur le désert vide, plongé en des transparences roses, le soir s'allumait.

D'un horizon à l'autre, une houle de flamme pourpre roulait à travers le ciel vert et or.

La voix lente du soldat scandait les versets, et sa langue septentrionale sonnait étrangement à cette heure et dans ce décor.

Le petit livre noir, talisman touchant rapporté des brumes du Nord où des siècles d'exil en avaient faussé et pâli la splendeur, redevenait peu à peu le livre d'Israël, conçu sur la terre semblable, aussi aride, de l'antique Judée resplendissante.

Et, dans le dernier rayonnement rouge du soir, sur la dune basse, des armées et des tribus blanches passèrent, et des silhouettes de prophètes aux yeux âpres et ardents s'agitèrent...

Puis le légionnaire referma son livre, et le soir s'éteignit sur le désert violet où s'étaient dissipées les visions de la Bible.

Visions de Figuig

Sourires aimables sur des visages reposés, gestes lents et graves sous les voiles blancs. Silence et recueillement dans des cours vastes où les hommes glissent sans bruit, comme des apparitions. Murmures de prières, attitudes d'extase... Immobilité des choses à travers les siècles...!

A première vue, on ne discerne rien d'autre dans les vieilles zaouïyas de l'Ouest, seules inexpugnables dans la tourmente qui gronde alentour et parmi les ruines d'un monde qui croule.

Et pourtant, derrière cette façade d'indifférence hautaine, dans cet éloignement des choses du siècle, il y a autre chose : des intrigues mystérieuses qui, au Maroc, finissent souvent dans le sang, des haines séculaires, des dévouements absolus à côté de savantes trahisons, des passions d'une violence terrible qui sommeillent dans les cœurs, des ferments de guerre et de massacre.

Mais, pour distinguer toutes ces choses cachées, il faut se faire admettre dans les zaouïyas, y vivre, y acquérir quelque confiance, car au dehors tout est blanc et apaisé...

Dans l'ancienne zaouïya de Bou-Amama, à Hamman-Foukani, après une journée chaude, traversée de souffles d'orage, un soir pesant et calme, avec une oppression particulière dans le silence.

Le soleil se couche sans les irisations limpides accoutumées, sans délicatesses de tons, en un incendie violent, passant sans transition du rouge sanglant de l'horizon au vert sulfureux du zénith où flottent quelques nuées d'un rose de chair.

La palmeraie voisine s'abîme en une ombre hâtive d'un bleu profond, presque noir déjà, pendant que, sur les cimes échevelées des dattiers, seules quelques flammes d'or rouge courent encore.

Au delà des murailles basses de la cour, c'est la grande plaine qui s'étend derrière Figuig jusqu'au Djebel-Grouz abrupt. Sablonneuse, à peine ondulée, elle brûle d'un feu terne, comme un immense brasier couvert de cendres mal éteintes.

Vers la droite, en contre-bas, au milieu d'une vallée pierreuse, aride, se dresse la koubba de Sidi-Abdelkader-Mohammed, patron de Figuig. Sa grande coupole blanche prend des teintes de cuivre surchauffé, des reflets de métal en fusion coulent sur ses murs.

En face des ksour, très loin, sous les dentelures flamboyantes des montagnes, une ligne noire à peine distincte : les palmiers d'El-Ardja.

Plus près, voici le Dar-el-Beïda (1), la caserne du Makhzen chérifien, qui braisille toute seule dans la plaine déjà pâlissante.

Vers la gauche, à l'Ouest, la muraille robuste du Grouz assombri et la silhouette oblique du Djebel-Mélias en feu. Un grand décor où se jouent des féeries de lumière.

La nuit va tomber.

L'eddhen du moghreb (2) monte en notes lentes des hauts minarets blancs d'Elmaïz et d'Oudarhir. Rapides, de grandes ombres bleues sortent des excavations du sol vers les sommets qui s'éteignent peu à peu, noyés en des transparences marines.

Alors, contournant furtivement les murailles d'Oudarhir, surgissent, inattendus et inquiétants, une dizaine d'hommes hâves, décharnés, vêtus de guenilles sans nom. Ils sont armés de fusils Mauser et poussent devant eux quelques moutons maigres. ... Près de moi, un des serviteurs de la zaouïya, grave, au regard de caresse et d'obscurité, achève de prier.

— Si Mohammed, lui dis-je, quels sont ces gens ?

— Oh ! rien, des bergers de Mélias seulement.

(1) *Dar-el-Beïda*, la maison blanche.

(2) *Eddhen*, appel pour la prière. *Moghreb*, le coucher du soleil.

— Mais ils portent le turban voilé des Beni-Guil.

— Non. Ce sont des Arabes à nous. Ils s'habillent comme les Beni-Guil, parce qu'ils sont restés longtemps au chott Tigri.

Mais Si Mohammed me quitte brusquement et disparaît au tournant d'un corridor. Tandis que s'épaissit l'obscurité, ces bergers, qui ressemblent à des pillards, entrent dans les rues couvertes de Hammam-Foukani. Après un instant, j'entends des bêlements dans une arrière-cour de la zaouïya.

Si Mohammed, qui revient, traînant ses savates de cuir jaune, explique : — Ces pauvres gens, éprouvés par la guerre, viennent ici pour vendre leurs moutons et implorer la bénédiction du cheikh et de ses ancêtres, — que Dieu leur accorde ses grâces ! — ils n'ont point d'autre refuge que cette maison...

Une salle longue, aux murs nus, au sol couvert d'épais tapis de haute laine, avec, épars, de longs coussins de soie jaune et verte brochée de fleurs d'or.

Dans un haut chandelier de bronze, une bougie unique éclaire la pièce. Sur les tapis, la lumière discrète coule en ondes pourpres, en ondes vertes, glisse des reflets violets, mordorés, selon les colorations franches et chaudes des laines.

Dans un coin, un éclair mauve s'allume sur le flanc bombé d'une bouilloire marocaine en cuivre rouge, sur un haut trépied. A terre, un petit plateau luit comme une lune pâle. Des eaux adamantines ruissellent d'une cruche en cristal blanc, à côté des pierreries multicolores des petits verres à thé...

Si Mohammed ben Menouar, cousin et beau-frère de Bou-Amama, maître actuel de la zaouïya, est à demi couché sur le tapis. Son corps robuste et souple est drapé d'un burnous de drap grenat, et un haïk en fine laine encadre son visage brun et maigre, de type ksourien prononcé, avec une barbe noire où quelques fils blancs commencent à se mêler.

... Masque d'intelligence, de ruse et de finesse, au regard tour à tour affable, presque caressant, ou tout à coup dur, au sourire sans douceur, souvent ironique. Gestes plutôt nombreux et vifs, sans l'ampleur grave et la retenue imposante des autres marabouts du Sud.

Si Ahmed aime à plaisanter et à rire. Quand il est avec des Européens, il tâche d'imiter leur ton léger et persifleur. Si Ahmed manifeste des sentiments favorables aux Français et atteste son dévouement...

A cette heure, chez lui, il semble préoccupé. Il me parle longuement de la palmeraie de Mélias et des gens de Foukani sans que je l'interroge. Il y met même une insistance qu'il n'a pas d'ordinaire, lui qui glisse si aisément sur le sujet qu'il ne lui plaît pas de traiter.

En face de nous, Ben Cheikh, le gardien de Sidi Slimane, avec qui je suis venue.

D'aspect chétif et franchement ascétique celui-là, avec une extraordinaire intensité de vie dans ses yeux fuyants.

Il parle librement devant celui qui remplace le maître exilé. Lui aussi a son importance, car il est le serviteur le plus dévoué de Bou-Amama à Beni-Ounif.

Il me raconte que des fidèles sont partis le matin pour aller en pèlerinage chez le marabout, là-bas, à sa zaouïya nomade qui se trouve actuellement au pied du Djebel-Teldj (1), à cinq ou six jours de marche au nord-ouest de Figuig. Avec un profond soupir, Ben Cheikh déplore la destinée qui le retient, lui qui voudrait tant revoir le maître. Puis, pour la centième fois peut-être depuis que je le connais, il me dit avec son sourire engageant :

« Si Mahmoud, tu devrais aller voir Sidi Bou-Amama. Avec moi et la protection de Si Ahmed, tu n'as rien à redouter. Tu iras à sa zaouïya, comme tu viens ici. Quant à Sidi Bou-Amama, il te recevra à bras ouverts, comme son propre fils...

(1) *Djebel-Teldj*, la montagne de neige.

Tu devrais faire cela, Si Mahmoud. Après, à ton retour, tu pourrais dire aux Français : « J'ai vu Bou-Amama, et il ne m'a fait aucun mal. Il m'a bien reçu, comme il reçoit tous les musulmans algériens. Il n'est pas l'ennemi de la France, et entre lui et elle il n'y a qu'un malentendu... »

J'écoute et je réponds évasivement :

— In chah Allah — que Dieu veuille — j'irai !

Et j'irai peut-être un jour...

Le silence retombe. Vaguement Si Ahmed sourit. Ben Cheikh semble plongé en ses regrets de serviteur fanatique. La lumière vacille et promène de grandes ombres difformes sur les murs blancs.

... Je regarde ces deux hommes dont la surface polie et avenante cache des abîmes, ces hommes à l'âme fermée, à la volonté opiniâtrément tendue vers un seul but : servir Bou-Amama.

Et je les préfère ainsi, redevenus eux-mêmes, graves et silencieux, plus en harmonie avec le calme de l'heure et du lieu...

La porte est ouverte sur la large galerie couverte qui entoure le premier étage. En face, un lourd pilier carré en toub se détache des ténèbres, sous le reflet rougeâtre de la bougie. Une forme blanche est accroupie à terre. Sous cette masse immobile de voiles lourds, on ne distingue pas le visage du serviteur noir. Dans la cour, on parle à voix basse. Des pieds nus d'esclaves passent avec des frôlements légers. Une lourde oppression pèse sur l'oasis endormie et sur cette maison.

L'heure s'avance, dans la nuit sans fraîcheur. Si Ahmed se retire dans ses appartements, oubliant comme par hasard, à côté de moi, son revolver à fourreau de velours vert.

Ben Cheikh s'enroule dans son vieux burnous et je m'étends près de la porte restée ouverte.

Des choses vagues d'abord, des visions entrevues ici, flottent dans mon esprit. Puis cela se précise : ces bergers armés de fusils, qui sont venus si furtivement, à la tombée de la nuit, qui sont-ils ? Pourtant, ici, il n'y a rien à craindre... On y peut dormir dans une sécurité parfaite.

Mais le sommeil ne vient pas.

Il fait chaud, et des effluves de fièvre traînent dans l'air. Je me lève et, sans bruit, je descends. Dans le patio obscur, des hommes dorment. Je trouve une autre porte entr'ouverte.

Là, dans la lueur incertaine des étoiles, les bergers de Mélias sont couchés, le fusil sous la tête, la cartouchière serrée sur leur ventre creux par-dessus la djellaba en loques.

Au repos, des visages décharnés, des marques de souffrance et de dureté, des joues creuses, des yeux caves clos par la fatigue.

Dans un coin, un amas blanchâtre, moelleux, qui ondule parfois : les moutons.

Je rentre et je me couche, en haut, sous la galerie. Au bout d'un instant, deux serviteurs qui dormaient en bas s'éveillent. Ils parlent à mi-voix :

— Est-ce que les Beni-Guil s'en iront demain matin ?

— Sidi a dit qu'ils partiraient à l'aube.

Puis ils continuent en idiome berbère et je ne comprends que vaguement. Ils parlent du pacha d'Oudarhir et de Sidi Bou-Amama.

Ceux que j'ai pris pour des bergers sont bien réellement des Beni-Guil dissidents, débris d'un djich quelconque dissous par la mort et par la faim, et qui arrivent peut-être de très loin, avec ces moutons acquis Dieu sait comment.

Ils viennent apporter des nouvelles de l'Ouest, peut-être du Djebel-Teldj, et se ravitailler.

. . Mais le sommeil finit par me gagner, très calme et très doux, à cette heure plus fraîche de la minuit.

A l'aube mauve, dans la joie du réveil, la cour de la zaouïya est vide : les Beni-Guil se sont dissipés avec les dernières ombres.

Métiers de jadis

Une ruelle obscure aboutissant à un carrefour à ciel ouvert où coulent des reflets d'or, le long des murailles pâles : la djemaâ d'Elmaïz.

Quelques boutiques, exiguës, où on pénètre par des portes étroites comme des gueules de silos. Et là des générations de ksouriens pâlissent sur des travaux menus, sur de petits trafics monotones.

Enveloppés de laine blanche, quelques-uns penchent des fronts blancs et de grands yeux noirs sur des grimoires arabes : ce sont les scribes, hommes de loi ou écrivains publics.

D'autres promènent des doigts agiles sur le souple filali rouge. Ils tirent des soies aux couleurs vives, amortissant l'éclat saignant du cuir par des sertissures de bleu pâle, celui des jaunes d'or par des verts ardents ou des violets chauds.

Leur labeur ressemble à un jeu, tellement leurs mouvements sont rapides et aisés, limités aux seuls poignets dans l'immobilité du corps penché et des jambes croisées.

Quelquefois, suspendue à un clou, une djebira,

(sacoche de selle des cavaliers) met une tache gaie sur le clair d'une muraille nue...

... Sous un portique très ancien, aux lourds piliers carrés, un vieillard est assis sur une natte. Il est calme et souriant, le vieux Berbère, et vêtu de voiles blancs. Tous les jours, dès l'aube, il vient s'asseoir là pour de longues heures. Devant lui, plusieurs jarres en terre pleines d'eau sont posées. Dans chacune nage un entonnoir en cuivre, percé par le bas, qui se remplit lentement.

Jadis les ksouriens ingénieux ont calculé le temps qu'il fallait pour irriguer chaque fraction de la palmeraie, et ils ont inventé ce curieux système d'entonnoirs dont chacun correspond à une fraction donnée : il faut autant de temps à l'entonnoir pour se remplir qu'à la fraction pour recevoir l'eau nécessaire à sa fécondité.

Pour éviter les incessantes querelles, souvent sanglantes, la djemaâ a préposé à la direction des eaux un vieillard sage et calme, qui passe sa vie à surveiller ses engins archaïques sous le vieux portique caduc...

En face de lui, il y a un mur en toub, avec des arabesques faites à l'outremer, et au pied de ce mur, sur des bancs de terre, les membres de la djemaâ viennent discuter les affaires du ksar.

Autrefois, ils y décidaient de la paix et de la

guerre ; ils y jugeaient les fautes des hommes qu'ils condamnaient parfois à mort.

Depuis des années et des années le cheikh-el-ma (1) assiste, immobile, aux plus tumultueuses palabres. Il regarde en souriant vaguement ses jarres, et, sur le mur d'en face, par-dessus les têtes encore jeunes qui s'échauffent et s'agitent, le jeu du soleil et les reflets du ciel...

(1) *Cheikh-el-ma*, le vieillard des eaux.

Légionnaires

Un jour d'adieux sur le quai encombré de la gare. Avec un regard mélancolique sur les légionnaires affairés qui passaient et repassaient devant nous, un vieil officier de la légion me disait :

— Tas de repris de justice, d'évadés du bagne, de sans-patrie... que sais-je, moi ! voilà comment on juge généralement la légion. Certes, nous avons là pas mal d'épaves, de naufragés de la vie, quoi ! et c'est vrai que les légionnaires boivent sec et que leur ivresse est souvent terrible. Mais, que diable ! il n'y a pas que cela, et les hommes n'ont pas que des défauts. Ah ! si à côté de tout ça on connaissait leur dure vie, toujours dans des bleds où on manque de tout et où on meurt, et où il n'y a surtout pas de galerie pour vous encourager et vous admirer ! Voilà, tenez, nous remontons de Ben-Zireg, où nous avons bâti et défendu le poste et où, pendant des mois, nous n'avons pas été tranquilles un seul jour, où nous avons laissé du monde... Eh bien, savez-vous bien que c'était pour nous reposer qu'on nous y avait envoyés. Et maintenant, à peine relevés, nous allons au Tonkin... Voilà !...

Et le vieil officier esquissa un geste vague, un geste arabe qui semblait dire : Mektoub !... Qu'il en soit ce qui est écrit...

... Quelques jours auparavant je les avais vus rentrer, ces légionnaires, du détachement de Ben-Zireg. C'était sur la dune basse, derrière Beni-Ounif, d'où on domine la route de l'Ouest, par une après-midi claire d'hiver saharien, dans une pâleur, une langueur attristée des choses.

D'abord, quelques chameaux disséminés, quelques bach-hamar, quelques spahis, surgirent de la vallée de pierre.

Puis les légionnaires vinrent, desséchés et tannés, l'œil cave, fiévreux, leurs capotes déteintes et usées, avec leurs vieux équipements fatigués, couverts de poussière.

Leurs officiers se penchaient sur les selles pour serrer la main aux camarades venus au-devant d'eux.

Et ils avaient, eux aussi, dans les yeux, la joie intense de revoir ce coin de Beni-Ounif, comme s'ils étaient rentrés dans une capitale de rêve, après des mois d'exil.

... Ils étaient beaux ainsi, avec leurs hardes de peine, dans la gloire du jour calme, les légionnaires devenus farouches au fond des hamada lugubres... Très peu semblables surtout aux soldats de parade caracolant ou évoluant inutilement sur le pavé des villes amies...

Dans la menace et la splendeur morne des horizons, sur cette terre berceuse et mortelle où leur vie est âpre et sans joie, les soldats prennent une autre allure.

Dans l'oasis.

La vallée de Figuig s'ouvrait sous le soleil comme un grand calice pâle.

J'étais assise sur le parapet en terre dorée d'une haute tour branlante, si vieille et si fragile qu'elle semblait prête à tomber en poussière. La tour se mirait dans l'eau sombre d'un étang, à l'orée des jardins d'Oudaghir. Elle était située très haut et dominait toute la vallée.

J'étais seule dans la splendeur du jour naissant, et je rêvais en regardant Figuig, l'oasis reine, qui ne m'était jamais apparue si belle, peut-être parce que j'allais partir le lendemain.

Au loin, vers le Sud, par-dessus les monts de Taghla et de Melias, le désert rouge remontait très haut dans le ciel, bordant l'horizon d'un trait net et obscur comme la haute mer.

La déchirure puissante du col de Zenaga s'ouvrait comme le lit d'une rivière où roulait le flot noir des dattiers, entre le Djebel-Taarla d'une teinte d'indigo intense et le Djebel-Zenaga éclairé obliquement, tout rose.

A droite, le col de la Juive, aride et pierreux,

entre des coteaux nus et le col des Moudjabedine, où se jouent les mirages aux midis accablants d'été.

L'entrée plate et stérile de la vallée scintillait au soleil. Plus près, sous mes pieds, la palmeraie de Zenaga roulait sa houle immense, ondulait, venait battre le Djorf, la haute falaise grise qui sépare les deux terrasses de Figuig.

Les têtes compactes des dattiers prenaient des teintes de velours bleu pâle où glissaient des reflets argentés. Vers la droite, le vieux ksar de Zenaga faisait une tache d'or fauve plus ardente dans toutes ces pâleurs délicates. Sur la montagne et sur la vallée, le soleil du matin répandait des flots de clarté azurée, une clarté vivante, d'une limpidité infinie. Au pied de la tour, debout, le dos contre le mur fruste, un vieillard aveugle tendait en silence la main vers le chemin où passaient les croyants.

Il était très grand et très beau, le visage émacié aux yeux vides, d'une impassibilité de bronze obscur. Son corps osseux se drapait magnifiquement dans ses haillons couleur de terre.

Plus loin, sur la route ensoleillée, deux femmes berbères s'arrêtèrent, et la lumière se joua dans les plis lourds de leurs draperies de laine pourpre qui balayaient la poussière.

... Au-dessus d'un mur, la petite tête douce d'un jeune dromadaire se balança avec un rauquement plaintif et une grimace étrange à longues dents jaunes.

... Un fragment de toub desséchée se détacha du sommet de la tour et tomba dans l'eau morte de l'étang, où de grands cercles d'argent s'élargirent, venant mourir aux bords humides.

Je redescendis vers Zenaga par le sentier du Djorf où les chevaux glissent et frémissent de côtoyer l'abîme. A mesure que je m'abaissais, la muraille des dattiers murmurants montait, cachant peu à peu la clarté des lointains.

En bas, sous l'ombre bleue de la palmeraie, une séguia coulait sur de la mousse. Des jardins ksouriens étalaient le luxe de leurs verts glauques, de leurs verts mordorés. Le soleil, filtrant à travers les palmes aiguës que le vent agitait à peine, semait des paillettes d'or sur le sable rouge et sur les cailloux blancs. Tout près s'ouvraient des sentiers délicieux, pleins d'ombre et de fraîcheur, entre les murs en toub claire des jardins.

Sous les palmes recourbées en arceaux, des figuiers se penchaient vers la lumière, avec leurs feuilles dorées par l'automne où se mêlaient les feuilles roussies de la vigne, à côté de celles, rouges encore comme des fleurs épanouies, des grenadiers et des pêchers.

Une pénombre charmante atténuait les lignes et les couleurs dans ce dédale de ruelles sans habitations, si tranquilles qu'on entendait les tourterelles sauvages roucouler doucement dans les arbres tout près.

Parfois, à un tournant brusque, c'était un grand étang bleuâtre, miroir immobile où se reflétaient les dattiers penchés aux troncs envahis d'herbes parasites.

Et partout le murmure continu, le chant profus des seguia d'eau courante, jaillissant d'un mur, disparaissant tout à coup sous terre avec un bruit frais de cascade, pour reparaître à deux pas plus loin, sous les dentelles légères des fougères vertes.

... Le soleil montait lentement, comme en triomphe, sur la paix et la joie de l'oasis délicieuse.

Au delà de la palmeraie, j'entrai dans l'ombre éternelle des rues couvertes de Zenaga, où des formes blanches passaient en silence et comme furtivement, rasant les murs.

Des portes farouches s'entr'ouvraient à peine, et les petites places irrégulières creusaient des regards de lumière bleue.

Dans toute cette méfiance, dans tout ce silence, on entendait seulement parfois, à travers l'épaisseur des murailles aveugles, le bourdonnement sourd du vieux moulin à bras africain, et la mélopée monotone, en idiome berbère, de quelque femme ksourienne invisible.

Je passai lente en songeant avec tristesse que, sans doute, dans quelques années, le lucre féroce, la bêtise et l'alcool qui ont pollué Biskra viendraient détruire le charme encore intact de ce vieux repaire saharien.

Telle qu'elle s'est conservée jalousement à travers les siècles, dans son lointain, l'oasis de Figuig me semblait une perle d'une beauté parfaite.

... Sur la piste poudreuse, dans la nudité brûlante de la vallée, des Figuiguiens à cheval s'en vinrent escortant des ânes chargés de sacs d'orge et de blé, que poussaient des esclaves kharatine noirs.

Les Berbères, très blancs et très calmes sous leurs voiles de laine, avançaient lentement, les rênes lâchées sur le cou de leurs montures tranquilles.

Le regard vague de leurs grands yeux noirs errait au loin, sur les montagnes de leur pays, où achevait de s'éteindre la féerie rose du matin.

Ils passèrent devant mon compagnon en burnous bleu et moi et nous jetèrent distraitement le salut de paix qui est comme le mot d'ordre de l'Islam, le signe de solidarité et de fraternité entre tous les musulmans, des confins de la Chine aux bords de l'Atlantique, des rivages du Bosphore aux barres du Sénégal.

En regardant ces hommes marcher dans la

vallée, je compris plus intimement que jamais l'âme de l'Islam, et je la sentis vibrer en moi. Je goûtai dans l'âpreté splendide du décor, la résignation, le rêve très vague, l'insouciance profonde des choses de la vie et de la mort.

... Et je compris aussi pourquoi le mendiant aveugle était si noble et si calme, la main tendue vers les passants qu'il ne voyait pas dans la nuit éternelle de sa cécité, et pourquoi, au lieu de s'agiter et de peiner à la sueur de leur front, les Arabes sommeillent, au cours monotone des jours calmes, étendus dans l'ombre des vieux murs qui s'effritent et que personne ne relève, sur la terre nue qui leur est douce...

Beni-Israël

Tout à Figuig se tait et sommeille. Ni cris ni tapage dans ces allées d'une fraicheur et d'une sonorité de cloître, où le pas des chevaux éveille des échos multiples et lointains.

... Des couloirs plafonnés de tiges de palmes, obscurs, coupés çà et là de carrefours à ciel ouvert où tombe un jour glauque, comme en des puits. Parfois, sur un mur ocreux, la note gaie d'un rayon de soleil oblique, dans l'inquiétude des ténèbres. De brusques tournants, des corridors plus bas et plus noirs, s'enfonçant vers l'inconnu, et où les chevaux ne passent pas. Il faut s'y glisser à tâtons.

Des fantômes blancs s'avancent, incertains, sans bruit. D'autres, accroupis sur des bancs en terre, dans l'épaisseur des murailles, gardent des attitudes immobiles de statues.

Dans ce labyrinthe des rues de Zenaga, il est un coin de nuit plus profonde, d'étouffement et de saleté contrastant avec les autres quartiers d'une si surprenante netteté où flottent seules des odeurs humides de terre très vieille, et quelquefois des relents de benjoin s'échappant des koubba et des mosquées. C'est le Mellah, le quartier où s'entassent les Beni-Israël besogneux, prolifiques, courbés sous le joug musulman, sans voix à la djemaâ, tout comme les kharatine noirs, mais point persécutés cependant.

Quand, pour la première fois, je pénétrai dans une maison juive du Mellah de Zenaga, ce fut en compagnie d'un mokhazni et d'un juif de Kenadsa. Nous venions pour voir des bijoux.

... Au dehors, dans les palmeraies, les dattiers bleus baignaient dans la lumière blonde, et des rayons d'or se jouaient sur l'eau tranquille des grands bassins glauques.

Dans le sombre Mellah, dans l'obscurité lourde, une puanteur nous prit à la gorge.

Pour trouver la porte doublée en vieux fonds de bidons à pétrole, il nous fallut frotter une allumette.

Enfin, on nous ouvrit, lentement, avec méfiance, une cour irrégulière, étroite et profonde comme une pièce, avec, tout autour, aux deux étages, une large galerie couverte, précédant les chambres aux plafonds bas.

Un jour gris, un jour faux de cachot, tombait sur le sol jonché de détritus, trempé d'eaux grasses.

Là, grouillait une nuée d'enfants roux en gandoura sales. Ils s'enfuirent à notre entrée, se tassant derrière les piliers noircis de graisse, tout luisants.

Une âcre fumée de palmes sèches montait, rampant le long des murs couleur de suie. Dans les coins c'étaient des tas d'ordures, de chiffons, de vieilleries informes, jamais remuées depuis des années.

Les femmes assises autour du foyer se retournèrent en nous voyant. Elles portaient la « melahfa » des Bédouines, mais en coton blanc sale, très ample, traînante, ceinturée très bas.

Sur leur front, couvrant à demi les bandeaux noirs, un foulard de soie sombre étroitement serré supportait des chaînettes d'argent qui allaient rejoindre les lourds anneaux d'or des oreilles. Encore plus que les ksouriennes musulmanes, celles-là étaient languissantes et étiolées, d'une pâleur de cire. Quelques-unes pourtant étaient belles, la figure ronde, l'œil très grand et très noir, aux paupières lourdes.

Seul, l'éclat mobile des bijoux donnait un peu de vie, de gaîté, à ces masques troublants de mortes.

La plus belle avec de magnifiques yeux rougis de larmes dans un visage de volupté et d'amertume, s'isolait dans un coin, farouche.

Elle nous jeta un regard noir.

Près d'elle, une vieille momifiée, aïeule aveugle, se lamentait à voix haute, tordant ses pauvres mains gourdes.

Haïm, le bijoutier, quitta sa petite forge et ses

menus outils, pour nous souhaiter la bienvenue. Il s'excusa de l'état où nous trouvions sa demeure qu'un malheur venait de frapper : la veille, Esthira, la femme de Haïm, se rendait avec sa mère chez des parentes, au ksar d'Oudarhir. Elles rencontrèrent des bergers nomades qui les abordèrent et poussèrent l'audace jusqu'à découvrir le visage d'Esthira. Ils allaient la violer, quand passèrent des cavaliers du maghzen du pacha d'Oudarhir. Les nomades s'enfuirent. Et maintenant la honte et la désolation assombrissaient encore la maison.

Esthira était la belle éplorée.

Comme Haïm s'éloignait pour nous faire préparer le café, mon compagnon, le mokhazni, se mit à rire :

— Chez nous, quand pareille chose arrive, l'homme retrouve le coupable et le tue. Eux, ils se contentent de geindre comme des souris à qui on a marché sur la queue. D'ailleurs, la juive est belle, et les bergers avaient raison. Elle est bien bête, si elle a vraiment résisté : regarde son juif, comme il est laid !

Haïm, grand, avait les membres envahis de graisse jaune, sous une gandoura tachée d'huile et, usage sans doute imposé jadis aux juifs de Figuig par le dédain musulman, un grand mouchoir à pois bleus était passé par-dessus son petit turban noir et noué sous le menton, à la façon des vieilles femmes.

Haïm étala devant nous ses œuvres. Des « bzaïm », agrafes d'argent en forme de feuilles ou d'étoiles, de lourdes bagues ciselées, des broches à clochettes d'argent, des anneaux d'or pour les oreilles, ornés du sang terne des grenats et du lait irisé des opales. Le tout entassé pêle-mêle sur le fond moiré d'un lambeau de soierie verte.

A notre entrée, les bruits s'étaient tus. Les enfants eux-mêmes chuchotaient timidement. On entendait seule, comme tombant de très haut, parce qu'elle venait d'une cour voisine, la voix nasillarde et monotone d'un rabbin qui récitait des prières dans la vieille langue sacrée d'Israël. Et cette maison juive, cette voix surannée, tout cela produisit en moi une impression de monde fermé particulièrement vieux et immuable au milieu de toutes les immobilités séculaires de Figuig.

...Le siroco s'était levé, chargé de sable et de poussière, sous le ciel incandescent et terni.

Les membres de la djemaâ de Zenaga siégeaient sur les bancs d'un carrefour avec, à leur droite, une coulée de lumière trouble entre deux murs. Ils s'alanguissaient dans l'étouffement du siroco et subissaient la torpeur somnolente des choses.

Haïm s'arrêta à l'entrée du carrefour, retirant ses savates. Puis, courbé jusqu'à terre, il alla baiser successivement le pan du burnous de tous les ksouriens impassibles.

Haïm venait là pour demander justice contre les bergers qui avaient outragé sa femme... Mais il n'avait guère d'espoir. Pourtant, accroupi à terre, il raconta son affaire.

Quand il eut fini, un grand vieillard tout voûté, le regard encore ardent sous d'épais sourcils blancs, esquissa un geste vague.

— Que pouvons-nous y faire ? Si celui qui a outragé ta femme était un des nôtres, nous le punirions, car ce sont des actes indignes d'un musulman. Quant à des nomades... tu es coupable toi-même de laisser une femme circuler seule dans les ksour... non, juif, nous n'y pouvons rien !

Haïm, timidement, essaya d'insister. Alors le vieillard fronça les sourcils et dit durement :

— Nous avons dit, juif ! va-t'en !

Haïm se leva et partit à reculons, saluant très bas. Il fallait se résigner, car celui dont le bras n'est pas fort et qui ne sait pas tenir le fusil n'a qu'à s'humilier et se taire au pays de la poudre.

... Dès l'aube, les gamins d'Israël, roux et demi-nus, s'en vont vers les jardins où s'ouvre l'ombre des feggaguir humides, tapissées de fougères et de mousses légères.

Ils descendent avec des précautions infinies, sans bruit, vers les seguia souterraines, et s'agenouillent dans la boue noirâtre pour guetter des heures durant les poissons incolores, les poissons aveugles à peine argentés sous la lumière diffuse, dans l'eau verte.

Avec leurs mains, les gamins attrapent les bêtes rapides qui, au moindre clapotement de l'eau, s'enfuient vers les dessous de ténèbres des galeries impraticables.

Vers midi, quand la pêche a été fructueuse, ce sont des cris de joie qui fusent des souterrains, vers la gaîté des jardins pâmés sous la caresse du soleil.

Agitant leurs grappes de poissons visqueux, attachés par les ouïes, les petits juifs courent joyeusement vers les sombres ruelles du Mellah, où les attendent les mères au pâle visage.

Soirs de Ramadhane

C'est le premier jour du long et dur carême musulman.

Il semble interminable, ce jour, dans l'abstinence absolue, sans même la consolation d'une cigarette. Depuis le matin, les gens errent, roulés frileusement dans leurs burnous, au milieu du désarroi de leurs habitudes. D'autres s'affalent au pied des murs, en des poses farouches ou maussades. Des querelles éclatent, dans l'énervement des heures pesantes... Enfin le jour baisse.

Alors des groupes se forment, dans les rues du village, pour l'attente tout à coup gaie et impatiente des derniers instants.

Tous les regards se tournent vers l'Ouest, vers les vallées de pierre noire et les montagnes dentelées du Maroc, où le soleil descend, se plongeant peu à peu dans un monde de vapeurs cuivrées.

Ils sont beaux, les gens du Sud au costume sévère, debout dans la buée de sang qui semble monter de la terre rouge, et leurs ombres s'étendent, démesurées, sur la poussière qu'ils foulent lentement.

Au dehors, c'est l'attente aussi, autour des feux, parmi les chameaux couchés, au camp des nomades. Douï-Menia et Ouled-Djerir de l'Oued-Guir, hier encore dissidents et pillards, prennent aujourd'hui des airs de chameliers paisibles, pour venir se ravitailler sur les marchés, après la terrible famine des derniers mois.

Autour d'eux, les autres Bédouins racontent en riant des histoires très vieilles sur leur impiété.

Jadis, les Douï-Menia revenaient de la guerre. C'était pendant le carême, et ils souffraient de la faim, car les journées de marche étaient longues dans le désert. Leurs cœurs se serraient, car il leur restait encore cinq jours de marche dans le bled. Ils rencontrèrent un Arabe qui s'en allait tout seul, son bâton sur l'épaule. Ils l'apostrophèrent, par ennui, et lui demandèrent son nom. Je m'appelle Ramadhane, répondit le malheureux. Alors les Douï-Menia s'emparèrent de lui et lui tinrent le discours suivant : C'est donc toi qui es Ramadhane, celui qui, tous les ans, nous fait souffrir de la faim et de la soif ! »

Puis ils tuèrent le malheureux, ils rompirent le jeûne et rentrèrent dans leur tribu. Là, ils se moquèrent de ceux qui jeûnaient encore : « Il n'y a plus besoin de jeûner. Nous avons rencontré Ramadhane en route et nous l'avons tué. »

— Oui, dit un autre, les Douï-Menia ont tué Ramadhane... mais il en est encore qui jeûnent...

seulement ils s'arrangent bien mieux que nous : ils se mettent à trente pour jeûner chacun un jour. Après, ils croient que le carême a reçu son compte, puisqu'il faut jeûner trente jours...

Malgré toutes ces moqueries, les anciens détrousseurs demeurent indifférents en apparence et se drapent en silence dans leurs haillons superbes.

... Dans les cafés maures, les garçons, une fouta bariolée autour des reins, en guise de tablier, posent les tasses pleines devant les musulmans qui roulent des cigarettes.

Ce sont les derniers instants d'attente, les plus fébriles. Sur les visages pâlis et tirés, l'ombre de l'ennui s'efface.

Des rires s'élèvent, des plaisanteries. Moi, on me traite narquoisement de « Meniaï », parce que j'ai eu la naïveté de proposer de rompre le jeûne, ayant vu les Douï-Menia commencer à manger.

... Maintenant le soir s'éteint dans la nuit violette et les choses prennent des teintes bleues, des teintes profondes et froides.

Alors, de très loin, des ruines du ksar, du fond de la vallée, une voix monte, lente, mélancolique ; c'est le moueddhen qui annonce la prière du magh'reb et la rupture du jeûne.

Un immense soupir de soulagement s'échappe des poitrines. Tous à haute voix louent Dieu. Et les hommes pieux, aux gestes lents, au lieu de se jeter comme les jeunes gens sur le tabac et le café, sortent sur le chemin pour prier sans hâte, gravement, comme toujours.

Ces premières heures du soir, en Ramadhane, ont leur charme. Une atmosphère d'intimité fraternelle, inusitée, règne dans les cafés maures.

... Et moi, dans mon coin, je me mets à évoquer en silence les visions d'autres Ramadhane passés, vieux déjà de plusieurs années, en différents coins de la terre élue... Ce sont les décors discrètement sensuels de Tunis, la fièvre d'Alger troublée, puis le pays splendide et fanatique de l'Oued-Souf, les petites cités à coupoles disséminées dans l'Erg ardent.

Veillées

La nuit est froide et claire. C'est la pleine lune de Ramadhane. Des torrents de lumière glauque coulent sur le village où brûlent les flammes brutales et rouges des lanternes, devant les cantines.

Ici, dans la cour du bureau arabe, entre les masures croulantes, les chevaux entravés sommeillent.

Parfois un étalon s'éveille et hennit, les naseaux dilatés, tendus vers le coin où les juments mâchent, tranquilles, leur paille sèche.

Il y a grande fête, ce soir, chez les mokhazni.

Ils sont une cinquantaine qui viennent s'asseoir en cercle sur le sable. Au milieu, collée sur la semelle d'un soulier renversé, une bougie vacillante éclaire l'énergie mâle et la gaieté enfantine des visages.

.... Il fait bon s'étendre à terre dans la nuit limpide, sous la caresse d'un gros « kheïdous », le burnous en poil de chameau noir des gens de l'Ouest. Il fait bon, silencieux et immobile, écouter pendant des heures les chants des nomades, leurs grands cris désolés d'amour et de mort avec le son argentin, le son aquatique du djouak en roseau.

Deux mokhazni du cercle de Géryville, enfants des steppes d'alfa, s'asseoient en face l'un de l'autre pour chanter une cantilène plaintive, dont le refrain est un long cri triste, sur une note mineure.

D'abord ils semblent sommeiller, les yeux mi-clos, et leur voix est comme le murmure du vent.

Petite colombe, ô petite colombe !
Tu m'as brûlé, tu m'as tué,
Tu as rendu mon cœur malade,
Et je ne guérirai pas...
Petite colombe, ô petite colombe !

Mon cœur est mort, et je l'ai enterré dans le désert ;
Le jour où je l'ai enterré, nul n'était présent ;
Personne n'a ri de moi.
J'étais seul, mon burnous couvrait ma tête, et je pleurais.
O mon Dieu, mon Dieu, combien j'ai pleuré !

Petite colombe, ô petite colombe !
Tu as rendu mon cœur malade, tu m'as tué...
J'ai mal, et il n'est pas de remède
Pour celui dont le cœur est blessé,
Sauf la résignation et le repos du tombeau.

Petite colombe, ô petite colombe !
En une nuit tu m'as tué.
Vers l'aurore, je me suis trouvé blessé
Et je ne guérirai pas...

Alors du cercle des mokhazni, une autre voix

s'élève, une voix plus fruste et plus rauque, celle de mon ami Abdelkader ben Chohra (1):

Ami, pleure sur moi, pleure sur l'exilé !
Quand j'ai quitté mon douar, Embarka est sortie...
Elle a couvert sa tête de poussière en signe de deuil.
Pourtant chacun suit sa destinée, et je suis parti,
Et j'ai pris la route du Sud...

Quarante jours, quarante nuits, j'ai pleuré.
Jusqu'à ce que se fût desséché mon cœur,
Et il est devenu plus dur que les pierres.
Devant la plus belle des belles de la terre
Mon cœur ne parlerait pas.

Ah ! lorsque le cœur est mort,
Rien ne saurait le faire renaître,
Sinon le regard de la gazelle,
Car il est comme la pluie du désert...
Je reverrai Embarka ou je mourrai.

Les voix, plus nombreuses, montent dans la nuit tranquille, et les chalumeaux enchantés distillent d'indicibles tristesses...

Les nomades illettrés, les frustes soldats du pays de la poudre, improvisent des chansons et des chansons, longtemps, longtemps.

Je ferme les yeux, dans le froid du vent qui se lève, vers la minuit.

Il fait bon s'endormir ainsi, n'importe où, à la

(1) Abdelkader ben Chohra a été tué par une balle dans l'oued Zousfana, quelques jours plus tard. (N. de l'A.)

belle étoile, en sachant qu'on s'en ira le lendemain et qu'on ne reviendra sans doute jamais, que tout ce qui est ne durera pas... tandis que chantent les Bédouins, tandis que pleurent les djouak, tandis que s'évapore et s'éteint, comme une flamme inutile, la pensée...

Départ

C'était l'hiver. De grands vents glapissants soulevaient des tourbillons de poussière rousse. De lourds nuages noirs traînaient à la face des montagnes et habitaient les défilés escarpés. Le désert avait pris un aspect hostile et menaçant.

Bien à contre-cœur, il fallait partir, retourner vers l'écœurante banalité et le morne ennui de la vie captive à Alger. Finies les chevauchées tranquilles, dans le soleil, au milieu des paysages apaisés et lumineux de l'automne, vers Djenan-ed-Dar et vers Figuig...

Finis les rêves lents, au cours des heures d'assoupissement voluptueux et mélancolique, couchée sur le sable roux, à suivre d'un regard vague les palmes bleuâtres agitées par la brise, passant et repassant, comme des agrès de navires, sur l'azur attirant de ciels sans nuages !

... Les choses prenaient des aspects familiers dans l'accoutumance de mes yeux. La vallée de pierre, le village fébrile, la petite chambre nue où je campais et où il y avait toujours des bagages, burnous, fusils, loques vagues, entreposés là par mes amis de hasard, les spahis et les mokhazni, — toutes ces choses, qui étaient le cadre de mon existence depuis trois mois, commençaient à me devenir chères.

...Dans l'attente quotidienne, en Ramadhane, du soir libérateur, j'étais accoudée au petit mur d'enceinte du vieux bureau arabe. Je regardais le disque rouge du soleil s'enfoncer, terne et sans rayons, dans un océan de vapeurs violacées, au-dessus de la terre déjà assombrie.

Et, pour la première fois peut-être, je sentis que ce coin de pays si déshérité avait pris à la longue un peu de mon cœur, et que plus tard je le regretterais, celui-là après tant d'autres où je ne retournerai jamais (1).

(1) Variante des premières notes :

Là encore, comme en tant d'autres coins de la terre musulmane africaine, j'allais laisser un peu de moi-même ; j'allais emporter des regrets vivaces et une longue nostalgie.

Je me mettais presque à accuser la vie nomade, en songeant à la tristesse des brusques départs, des destructions des petites choses éphémères, des petits décors de vie auxquels on commence à s'habituer, qu'on aime déjà sans s'en apercevoir jusqu'à l'inévitable fin.

Apre et splendide terre du Sud-Oranais, terre farouche, sans douceur et presque sans sourire, vieille terre de rapine et de poudre, où les hommes sont aussi frustes et aussi durs que le sol aride !

Ce dernier soir, au fond de mon âme s'agitait l'éternelle question : Reverrai-je jamais tout cela ?

... Lentement, les spahis et les mokhazni rentraient, par

...Aujourd'hui, tout sombre dans la pluie noire, dans l'épouvantement d'un pays connu et brutalement changé, tout à coup plongé dans les ténèbres. Sous les violentes rafales du vent, le train part.

petits groupes, pour le premier repas de la journée de jeûne.

Moi, je me contentai d'allumer une cigarette, et je restai là, à regarder passer les braves camarades simples des jours écoulés, les compagnons de mes promenades et de mes veillées.

Tout à coup, ma vague tristesse devint plus sombre et plus poignante : lesquels d'entre ceux qui défilaient ainsi devant moi étaient destinés à tomber bientôt sous les balles marocaines, et à dormir leur dernier sommeil dans cette terre brûlée, loin de leurs steppes natales ? La plupart étaient jeunes et rieurs, plein de vie, d'insouciance simple et superbe. Ils passaient en chantant, et quelques-uns s'approchaient :

— Si Mahmoud, disaient-ils, reste parmi nous. Nous nous sommes habitués à toi ; nous sommes tes frères à présent, et nous te regretterons si tu pars, parce que tu es un brave garçon, parce que tu as mangé le pain et le sel et que tu es monté à cheval avec nous.

« Ils savaient bien, par tant d'indiscrétions européennes, que Si Mahmoud était une femme. Mais, avec la belle discrétion arabe, ils se disaient que cela ne les regardait pas, qu'il eût été malséant d'y faire allusion, et ils continuaient à me traiter comme aux premiers jours, en camarade lettré et un peu supérieur.

Les spahis et les mokhazni passèrent.

Je partis.

Eux aussi, comme le beau ksar en toub dorée, comme le triste village gris, comme la vallée aride, comme Figuig et comme Djenan, je sentais que je les aimais maintenant, et je les regrettais.

La nuit tomba, noire, profonde et sonore comme un abîme.

Et moi, subitement, je sens toute l'amertume des brusques départs, la destruction des petites choses éphémères. Après le charme et la griserie de la vie errante, les regrets, les déchirements.

Un grand silence pesa sur le village où les lanternes des cantines luisaient seules, toutes rouges, comme des yeux ternes de fauves tapis dans l'ombre.

Parfois une rafale de vent passait dans les ténèbres, avec un hurlement long, une plainte infiniment triste.

J'étais couchée dans un réduit près duquel, dans une grande salle vaguement éclairée par une seule chandelle, cinq ou six « assas » marocains étaient assis en rond sur une natte, leurs fusils sur leurs genoux. Ils fumaient le kif et chantaient, la tête renversée en arrière, les yeux clos, comme en extase. Dans la cour, des chevaux inquiets s'ébrouaient et s'agitaient. Je ne pouvais dormir. Des visions troubles me hantaient...

Vers le matin, la chandelle s'éteignit dans la salle de garde. Les Marocains las se turent. Les chevaux s'assoupirent. Une pluie fine et régulière tomba avec un murmure immense sur le sommeil triste des choses.

Le jour se leva, gris, terne, noyé de buées opaques et de lourds nuages verdâtres semblables à des lambeaux de chairs en putréfaction.

Le ksar semblait en boue sale et délavée, et la palmeraie houlait comme une mer démontée, sous les secousses furieuses du vent.

Dans cet assombrissement des choses, le village sans un arbre, sans une tache de verdure, était d'une laideur sinistre de lieu de détention. Je quittai Beni-Ounif noyé d'eau noire, changé, presque effrayant

Lentement, comme à regret, le train remonta les plaines embrumées et le chaos de roches noires de Hadjerath-Mguil et de Mograr.

Et moi, triste à pleurer, je me roulai dans mon burnous

Là encore, comme en tant d'autres coins de la terre musulmane africaine, je laisse un peu de moi-même... j'emporte des regrets vivaces et une longue nostalgie.

...Lentement, comme à regret, le train remonte vers le Nord ; sous le ciel gris le pays m'apparaît menaçant, transformé, comme dans un cauchemar. Les horizons de sable embrumés remontent très haut dans le ciel trouble, et la lumière terne du jour finissant fausse les lointains.

Hadjerath-M'guil, Mograr, tout le superbe chaos de pierre noire et luisante est aujourd'hui d'une teinte indéfinissable de cendre. Les gorges sauvages, les défilés encombrés de roches fou-

marocain et je me couchai, fermant les yeux, pour ne rien voir, pour essayer de n'emporter de là-bas qu'une vision ensoleillée.

Aïn-Sefra, par un grand clair de lune glacial. Les hautes montagnes se dressaient, couvertes de neige jusqu'en bas. Elles prenaient des mollesses, des rondeurs de lignes laineuses, dans la lueur glauque de la nuit.

Et, comme des vagues monstrueuses, les grandes dunes fauves montaient à l'assaut de la montagne, figées dans leur colère éternelle.

C'était une étrange vision, ces dunes désertiques que j'avais vues, au commencement de l'automne, flamboyantes sous le soleil, et qui, maintenant, se profilaient sur les montagnes toutes blanches, très septentrionales...

Aïn-Sefra, avec ses jardins aux arbres dénudés et les grêles squelettes de ses jeunes peupliers, sommeillait frileusement dans la nuit calme.

droyées, tout est envahi par une brume couleur de suie. Par les portières disjointes du vieux wagon, un froid glacial souffle en tempête, agitant les rideaux poussiéreux. Une tristesse d'abîme, presque de la désolation, descend dans mon âme. Je m'enroule dans mon burnous; j'essaye de m'endormir, pour ne rien voir, pour ne plus penser.

... Réveil lugubre, sur le quai de la gare, à Aïn-Sefra que des souffles de glace balayent, venus du Mektar couvert de neige jusqu'aux dunes, en un étrange contraste. Des lanternes maussades se balancent dans la nuit, des voix enrouées jurent, des silhouettes fuient, hâtives, courbées.

C'était une étrange vision, ces dunes désertiques que j'avais vues, au commencement de l'automne, flamboyantes sous le soleil, et qui, maintenant, se profilaient sur les montagnes toutes blanches, très septentrionales...

Retour

Sous le soleil d'hiver, Aïn-Sefra ferait penser à un triste village du Nord, avec ses maisons pâles et ses arbres sans feuilles... Mais il y a la note africaine des dunes rougeâtres, et les bâtiments militaires avec leurs arcades en briques sanguines, et le grand vide du désert de sable.

L'air est limpide et frais et, dans le ciel clair, des caravanes légères de nuages laineux passent, promenant leurs ombres bleuâtres sur la plaine dorée.

Je vais regagner la province d'Alger par la route des Hauts-Plateaux. La morne tristesse du départ, à Beni-Ounif, s'est dissipée. Mes sensations d'aujourd'hui sont lentes et apaisées. Sans hâte, je m'en vais vers le ksar, au pied des dunes. Là, il y a encore quelques aspects sahariens : les grands dattiers qui ne changent pas à travers les saisons, les koubba blanches, immuables à travers les siècles, dans la poussière et la nudité du décor.

Elles entourent le ksar, les koubba saintes, et le veillent comme des sentinelles de rêve et de silence : Sidi Bou-Thil, patron d'Aïn-Sefra ; Sidi Abdelkader-Djilani, émir des saints de l'Islam ; Sidi Sahali, protecteur des chameliers et des nomades...

C'est aujourd'hui la Fedhila du mois de Ramadhane, la mi-carême arabe qui ne suspend pas le jeûne et qu'on fête seulement par des chants et des visites aux lieux maraboutiques.

Dans l'ombre des koubba, des voix pures de jeunes filles invisibles psalmodient des litanies surannées, avec l'accompagnement sourd des tambourins. Ces voix claires s'envolent et semblent se dissiper dans le silence infini qu'elles ne troublent pas.

Au loin, sur la route de Mékalis, des chameaux roux s'en viennent lentement, broutant le « btom » amer qui pousse au long des pistes pierreuses. Ils descendent par Aïn-Sefra vers Beni-Ounif, pour l'un des grands convois de l'extrême Sud. Je les regarde passer et, une fois de plus, la tentation me vient, au lieu de retourner vers l'ennui de la captivité à la ville, de redescendre avec les chameliers insouciants vers les horizons aimés et de ne jamais revenir...

... Tiout, un petit ksar souriant dans la châsse verte d'une oasis, au bout de la vallée de sable et d'alfa.

Des sentiers étroits, bordés de murs en terre

sous l'ombre éternelle des dattiers, traversent le désordre charmant des jardins qui reverdissent. Puis, dans l'obscurité d'une ruelle ksourienne, l'entrée d'une demeure blanche et silencieuse, avec de grandes cours ensoleillées ; la maison de l'agha des Amour, Sidi Mouley, descendant du grand saint Sidi Ahmed ben Youssef de Miliana.

L'agha est absent, et c'est Si Mohammed, son fils, qui me reçoit. Il ressemble à une grande fleur étiolée, ce jeune homme, avec son visage très beau d'une pâleur de cire, et ses grands yeux très noirs et très lourds qui s'ouvrent à demi, comme fatigués.

Il est gracieux et timide, avec pourtant déjà toute la gravité de son rang et une réserve un peu hautaine qu'il quitte très vite, pour devenir souriant et presque gai (1).

(1) Autre note sur Tiout :

— Tiout, avec son ksar coquet et paisible, et ses immenses jardins, est belle, de cette beauté des oasis inattendues dans la stérilité.

Jadis, les descendants du saint Sidi Ahmed ben Youssef de Miliana, vinrent s'installer dans ce coin de pays isolé à l'entrée du désert.

Ils devinrent les maîtres tout-puissants de la région. Lors de l'occupation, ils se dévouèrent à la cause française avec une franchise et une ardeur dont ils ne se sont jamais plus départis.

On a eu le bon esprit de laisser aux marabouts de Tiout toute leur autorité et toute leur influence qui ont été bien souvent précieuses.

Et aujourd'hui, c'est l'agha des Amour, Sidi Mouley

... Quand la nuit est tombée, je vais au dar-diaf (1) voir les mokhazni et les spahis avec lesquels je suis venue et qui s'en vont en patrouille dans la montagne.

Pour arriver au dar-diaf, c'est un dédale de rues noires et enchevêtrées. Çà et là, brusquement, une faible coulée de lumière filtre par une fente de mur ou de porte close, et ensanglante la toub terne de la rue. Alors ces voies sans passants prennent des profondeurs et des reculs de souterrains où vacillent des ombres vagues.

Au dar-diaf, dans la cour, une scène de la vie nomade, la scène que pendant des jours et des

Ould-Mohammed, qui sert d'intermédiaire énergique et intelligent entre l'autorité militaire et les populations indigènes. Tout passe par ses mains : il dirige ses tribus avec une fermeté et une adresse rares chez les chefs indigènes, la plupart du temps plongés dans les intrigues de « çofs ».

« Sidi Mouley a su garder une dignité d'allures aussi bien vis-à-vis des officiers français qu'envers ses nomades et ses ksouriens qui, en fait, sont ses sujets.

C'est une des grandes figures de l'Algérie du Sud, et il sait se faire aimer par la simplicité affable de ses manières.

... A Tiout, nous vîmes encore un autre type de grand seigneurar abe : Mouley Ahmed ben Youssef, frère de l'agha et caïd des Souala.

Sidi Ahmed s'est départi de la gravité un peu mystérieuse des marabouts, que garde son frère.

C'est le caïd de Souala qui a conduit les Amour au feu toutes les fois qu'il a fallu se battre. A côté de l'homme de prières, c'est l'homme de poudre.

(1) *Dar-diaf*, maison des hôtes.

jours je verrai maintenant tous les soirs, en différents décors.

Les soldats de l'Ouest sont à demi couchés sur des nattes, autour d'un medjmar, brasero arabe en terre cuite, et d'un plateau à thé.

Derrière eux, dans la pénombre bleue, les chevaux mâchent paresseusement le drinn et s'ébrouent.

Les mokhazni chantent, comme toujours le soir. Ils doivent penser aux belles Amouriat bronzées, essaimées au loin sous les tentes, car ils modulent de langoureuses chansons d'amour, tristes pourtant, d'une tristesse d'abîme :

Etourneau bleu qui t'envoles vers mon pays,
Dis à ma gazelle, dis à mon amie
Qu'elle envoie acheter neuf coudées d'étoffe blanche...
Dis-lui qu'elle couse le vêtement de son amant,
Ah ! qu'elle le couse en chantant,
Le vêtement blanc de son ami...
Il ne le mettra qu'après que son corps aura été lavé
A grande eau pure,
Quand ses yeux seront fermés...
Dis-lui que son ami la salue et lui dit adieu.
Un jour, la folie et la colère l'ont pris,
Et il a quitté sa tente ;
Il a acheté un cheval gris et il est parti.
Il a revêtu le burnous bleu,
Il a sanglé sa gandoura d'une cartouchière en filali rouge,
Il a jeté un fusil sur son épaule
Et il est parti sur la frontière, au pays de la poudre...
Etourneau bleu, dis à mon amie
Que son amant lui dit adieu,

Et la prie de coudre son linceul,
Car il mourra seul au loin...
Les chacals mangeront sa chair et lécheront ses os...

Et les mokhazni chantent leur complainte désolée, sans tristesse et sans appréhension... Pourtant l'improvisateur naïf dit peut-être vrai, et parmi eux il y en aura qui dormiront leur dernier sommeil dans le bled désert... Mais n'y a-t-il pas le « mektoub ? » et à quoi bon s'inquiéter de ce qui est écrit ?...

Je rentre chez l'agha. Dans la grande salle blanche, des hommes bronzés, en burnous noirs, devisent gaiement. Dans le coin, près de la cheminée où brûlent les bûches tordues et dures du désert, des fusils sont appuyés contre le mur, des cartouchières sont pendues.

A terre, des sacs en laine noire et grise et de lourds tapis du Djebel-Amour s'entassent. Ce sont les chefs du goum des Trafi de Géryville qui remontent du Sud, après quatre mois de fatigues et de dangers. Ce sont aussi mes futurs compagnons de route jusqu'à Géryville. Ils racontent leurs peines, là-bas, dans les hamada désolées ; ils parlent aussi du retour dans leurs tribus, et la joie adoucit leurs rudes visages encore noircis par le soleil ardent du Sud...

La soirée finit en de longs silences las, et je vais me coucher, rêvant au lendemain, à ce long voyage à cheval qui me console un peu de devoir quitter le Sud.

Un grand silence lourd pèse sur le ksar. Quelque part, très loin, au camp des goumiers, un chalumeau bédouin pleure tout doucement. Je l'écoute comme en rêve, longtemps, longtemps.

Le chalumeau se tait, et tout tombe au sommeil. Je m'endors en songeant vaguement à la joie d'être au moins libre et tranquille dans les grandes steppes vides, pour ce retour à Alger que j'aurais tant voulu retarder encore indéfiniment.

HAUTS-PLATEAUX

Vers Géryville

C'est le matin, un matin d'hiver pâle et lumineux avec un soleil doux qui caresse les figuiers et les grenadiers dénudés de la cour, et qui allume des flammes blanches dans les palmes aiguës que la brise froide agite à peine.

Le caïd des Akkerma et son goum sont déjà partis, avant l'aube. Je les rejoindrai le soir seulement, à l'étape.

Enveloppés de grands burnous en poils de chameaux noirs, nous montons à cheval, le vieux goumier Mohammed Naïmi et moi. Nous cheminons en silence, d'abord à travers les jardins, puis dans la vallée tout de suite inculte et déserte où l'alfa roule ses flots grisâtres.

Ce n'est pas gai, ce départ de bon matin, en carême, et l'esprit se replie sur lui-même pour de vagues songeries ternes. Les chevaux, au contraire, s'excitent à l'air frais et s'ébrouent joyeusement. La journée va être longue, sans manger et surtout sans fumer, dans la monotonie de l'interminable vallée.

Des deux côtés, des montagnes stratifiées, d'un

bleu pâle et brumeux, ferment l'horizon. Au Nord-Est, très loin, une autre montagne s'élève peu à peu, rectiligne et puissante. Et je songe avec une nostalgie plus amère à la silhouette toute semblable du Djebel-Moumène, là-bas, à l'horizon rouge de Djenan-ed-Dar.

Dans la brume blanchâtre du matin, le soleil monte et la vallée d'alfa devient plus souriante. Le malaise des premières heures de jeûne se dissipe peu à peu. Je me console en me disant qu'il me reste encore au moins une vingtaine de jours de vie nomade.

Sur cette route de Géryville, nous ne rencontrons que quelques petits bergers accroupis près de touffes d'alfa qu'ils font flamber pour se chauffer. Alors nous mettons pied à terre, car nos pieds s'engourdissent dans les minces bottes en filali rouge, et nos mains se raidissent à ne plus pouvoir tenir les rênes.

Mohammed Naïmi voit que je semble triste et, avec la grande bonhomie des nomades, il commence à me raconter des histoires pour m'égayer.

Bien simples et souvent bien poignantes, les histoires du bon goumier : le départ du pays natal avec les cavaliers Trafi, les regrets et les adieux, les femmes et les gosses qui pleurent, puis des jours et des jours de route dans la monotonie des hamada, tantôt à la poursuite d'insaisissables djiouch, tantôt simplement pour éclairer et escorter les lents convois de chameaux. Mais Naïmi s'étire voluptueusement sous son lourd burnous, et dit avec un sourire à dents très blanches :

— Louange à Dieu ! tout cela est passé, et demain ou après-demain, chacun sera dans sa tente.

Ce qu'il sous-entend bien clairement, c'est le dur célibat, des mois durant, la solitude loin des belles Bédouines au front tatoué. Pourtant Naïmi approche de la cinquantaine et sa barbe grisonne.

Je l'encourage un peu, et il se met à me conter les prouesses amoureuses de sa jeunesse, en termes corrects et voilés, mais avec une flamme rallumée dans ses longs yeux fauves d'oiseau de proie. Pas banales, ces amours nomades, et vraiment faites pour mettre dans ces frustes existences de bergers quelques notes romanesques qui, plus tard, laissent leur empreinte sur toute la physionomie morale des Bédouins, sur leur caractère et leurs attitudes.

Qu'importe qu'elle soit inconsciente, la grande poésie sauvage de leur vie !

... Le soleil décline à l'horizon, et nous arrivons dans un défilé étroit, entre deux hautes montagnes où l'alfa est plus touffue ; dans la brousse épineuse s'espacent de grands oliviers sauvages. On redescend. C'est le Djebel-Breïsath, à droite de la route de Géryville.

Au milieu d'une clairière, sur un petit plateau incliné vers l'oued, une dizaine de belles tentes à rayures rouges et noires, surmontées de boules de laine rouge : le campement de la fraction maraboutique des Ouled-Sidi-Mohammed-el-Medjdoub.

Les chevaux de notre goum sont attachés autour des tentes, et les gens du douar allument de grands feux pour préparer la diffa du caïd des Akkerma, Si Larbi ould hadj Ali.

Loupiot, mon chien, qui a suivi mes bagages portés par une mule, s'élance à ma rencontre avec des gémissements joyeux.

C'est un bon moment, cette arrivée au campement, en temps de Ramadhane, une sensation de « home » retrouvé sous une tente étrangère, que je quitterai demain pour toujours, mais où je suis si bien ce soir étendue sur d'épais haraïr.

Le brave caïd trône au milieu de ses hommes bronzés et passablement déguenillés, après quatre mois de Sud. Assis en demi-cercle, le menton aux genoux, les marabouts écoutent attentivement les histoires que leur conte le caïd et les nouvelles de l'Ouest.

Tous les Arabes de l'Oranie du Sud s'intéressent passionnément aux affaires de la frontière et du Maroc.

Chez ces Trafi et ces Amour, dont Bou-Amama était il y a vingt ans le chef, plus aucune envie de suivre la fortune du vieux détrousseur. Aujourd'hui ils sont les plus vaillants parmi les soldats musulmans qui combattent là-bas pour la France (1).

On veille tard, pour attendre l'heure du deuxième repas, et un grand murmure de voix monte du campement dans la nuit noire.

On parle bestiaux, moutons, chameaux, alfa et marchés à présent. Et ce sont ces conversations de pasteurs que j'entendrai répéter à toutes les étapes jusqu'à Géryville, jusqu'à Aflou et jusqu'à Boghari...

Enfin, longtemps après minuit, tout se tait, et je m'endors, malgré le froid qui transperce burnous et couvertures, et malgré les étirements félins de Loupiot, pelotonné contre ma poitrine.

Nous entrons dans la plaine au lever du jour.

D'abord, nous suivons une piste pierreuse, dans un terrain dénaturé qui s'irise de teintes violacées.

En face de nous, une muraille se dresse, haute, impénétrable, grise : zone de brouillard épais où le soleil, se levant à l'opposé, dessine de pâles arcs-en-ciel et de grands demi-cercles blancs qui semblent des voûtes sous lesquelles nous devons passer.

(1) Les Trafi et les Amour composaient le goum de Casablanca qui, sous les ordres du capitaine Berriau et du frère de l'agha de Tiout, se signala en 1907 contre les Chaouïa marocains.

Il fait un froid glacial dans cette brume, et une buée argentée couvre bientôt nos burnous, le poil des chevaux et la barbe des goumiers.

Nous trottons pendant près d'une demi-heure, pour essayer de nous réchauffer, mais le froid augmente toujours, et nous descendons dans un petit cirque de monticules noirs où l'alfa est très épais. Bientôt de hautes fumées grises montent dans la brume, et des flammes claires coulent au ras du sable mouillé (1). La bonne chaleur nous rend courage, apporte un peu de gaieté dans notre petite troupe dont le réveil fut maussade.

Un mokhazni et quelques goumiers nous rejoignent. Le mokhazni Ahmed s'en vient de Taghit, tout seul sur sa jument gris souris, pour revoir ses parents qui campent quelque part près de Brézizina, vers le Sud.

Une heure plus tard, quand la brume s'est dissipée, nous rattrapons les lents chameaux des sokhar Trafi, qui portent les bagages et une dizaine de caisses de cartouches que le goum doit convoyer au bureau arabe de Géryville.

Il est midi, et maintenant le soleil luit, chaud et ardent comme au printemps.

(1) Dans la région des Hauts-Plateaux oranais, très froide l'hiver, les cavaliers indigènes n'hésitent pas à mettre parfois le feu à la plaine d'alfa pour se réchauffer.

A mesure que nous remontons vers le Nord, le terrain devient plus rouge et plus pierreux, et de longues ondulations traversent la plaine, creusant de larges oueds encore à sec. A droite, tout en bas, apparaît un petit ksar très blanc, avec des jardins aux arbres dénudés. Pas un dattier. C'est Chellala Guéblia.

A gauche, sur la colline, au bord de la route, une grande koubba de Sidi Abdelkader Djilani de Baghdad. Un carré de maçonnerie entre de hautes murailles nues et une coupole ovoïde très allongée, le tout d'une blancheur ancienne, vaguement dorée par le soleil.

Nous arrivons au pied de cette montagne aux contours géométriques qu'on apercevait depuis Tiout et qui ressemble au Djebel-Sidi-Mouméne.

Dans une petite dépression du sol très rouge, un ksar joli, en toub fauve d'une teinte foncée, et de beaux jardins de palmiers : Chellala Dahraouïa, où nous allons passer la nuit.

Le ksar est bâti sur un terrain très accidenté, coupé de fondrières profondes. Nous traversons les rues en partie couvertes, les étranges rues ksouriennes pleines d'ombre et de mystère. Nous longeons, sur un étroit sentier, une brèche large comme un précipice, au fond de laquelle il y a des jardins et une vieille koubba dont le revêtement de chaux s'est effrité et dont la coupole fruste rejoint la hauteur du chemin. Des tombes l'entourent, petites pierres grises dressées.

...Nous arrivons chez le caïd Hadj Ahmed, un vieillard accueillant et jovial qui nous reçoit dans la salle des hôtes, une longue pièce blanchie, avec un lit européen dans un coin et des tapis du Djebel-Amour entassés à terre.

Pour attendre le magh'reb, nous sortons sur un coteau nu, au-dessus du ksar, et là, nous lézardons longuement au soleil, sur la terre tiède, en compagnie du cadi, du caïd et de quelques lettrés dont un beau jeune homme brun qui chante d'une voix douce, le fils du caïd de Bou-Sem'ghoun, ksar du sud-ouest de la région.

A Chellala, les ksouriens parlent encore « chelh'a » et c'est ici pour la dernière fois que j'entends le vieil idiome berbère, étrange et incompréhensible, qui assombrit encore tout le mystère voulu de la vie indigène à Figuig : plus loin nous rentrerons en pays purement arabe.

Au coucher du soleil, encore une impression du Sud retrouvée.

Tandis que nous regagnons le ksar, nous rencontrons, sur la route des puits, une théorie de femmes en longs voiles rouges ou blancs qui s'en viennent dans le soir doré, avec des amphores et des peaux de boucs ruisselantes sur leurs épaules.

De longues ombres violettes cheminent à leurs pieds sur la terre rose...

...Toute la vie nomade se résume bien dans cette question que le caïd Larbi pose à son collègue de Chellala, au départ :

— Ne pourrais-tu me dire où est campée ma famille, actuellement ?

Le caïd Hadj Ahmed fait un geste qui, à moi, me semble bien vague : il étend sa main droite vers le Nord-Est. Cela suffit, le caïd des Akkerma a compris, et il trouvera son foyer errant à plus de cent kilomètres de l'endroit où il l'avait laissé au commencement de l'automne...

Douéïs, une vallée entre des collines pierreuses et nues et des montagnes que le caïd me nomme : Djebel-Bessebaa, Ousseïra, Mezrou, Tazina, où coulent d'abondantes fontaines.

Au fond de la vallée, un oued raviné, rouge comme une longue plaie saignante et des « redir » (sortes de mares) qui commencent à s'emplir.

Il est trois heures quand nous approchons du campement du caïd. Deux ou trois coups de fusil partent en l'air, et le you-you argentin des femmes se prolonge aux échos de la montagne.

Toute la tribu accourt au-devant du chef, homme simple et rude, sans malice, et des frères revenant du Bled-el-Baroud (pays de la poudre).

Je dois passer ici la journée de demain, puis je quitterai les braves Trafi pour gagner Géryville.

Après le repas du magh'reb, je m'en vais errer seule avec Loupiot dans l'alfa.

Je veux que la griserie de ma tristesse se dissipe, puisque je comprends que, si même je devais retourner un jour là-bas, je n'y retrouverais rien de ce que j'y ai laissé...

La soirée et la nuit se passent sous la tente des hôtes où nous sommes bien une trentaine entassés, ce qui fait que nous ne sentons pas trop le terrible froid d'avant l'aube.

Le matin, vers dix heures, j'ai dit adieu au caïd Larbi et à tous les gens des Akkerma, un adieu fraternel et presque ému. Puis j'ai repris la route de Géryville, seule avec un grand gars nommé Abdesselam, gauche et sauvage, qui commence par garder un silence obstiné pendant plusieurs heures.

Il fait tiède sous un ciel clair.

Après des ravins et des fondrières, nous traversons une grande plaine de sable d'aspect tout à fait saharien.

Le soleil devient presque chaud et la journée s'écoule vite.

Nous avons à franchir quatre-vingt-quinze kilomètres pour arriver à Géryville, et sur cette route il n'y a rien, pas un douar, sauf un « dar-diaf » misérable et à moitié ruiné, qui est gardé par quelques Bédouins de lignée maraboutique, mais qui ressemblent plutôt à des rôdeurs, les Ouled-El-Hadj-ben-Amar.

Le « dar-diaf » est très loin, à soixante kilomètres au moins du campement de Si Larbi, et nous trottons presque toute la journée pour y arriver avant la nuit.

Abdesselam consent peu à peu à causer, mais je constate son incurable bêtise, et je préfère écouter une mélopée monotone et plaintive que mon guide lance à pleine voix aux échos du bled.

Il me confie qu'il n'a jamais été à Géryville; que, d'ailleurs, il n'a jamais mis les pieds dans un village français, et il me pose les questions les plus saugrenues auxquelles je réponds vaguement, l'esprit ailleurs.

Je regrette mon compagnon du premier jour, Mohammed Naïmi, intelligent et intéressant.

Le soleil se couche. C'est le magh'reb, et j'ai la consolation de pouvoir enfin allumer une cigarette.

Mais du « dar-diaf » et des Ouled-El-Hadj-ben Amar, toujours pas de trace.

La route file, toute droite, dans la plaine déserte, aboutissant à l'horizon à une chaîne de longues collines basses où quelques oliviers sauvages ont poussé.

— Peut-être est-ce là-bas, au pied de la colline, ce « dar-diaf »?

— Dieu le sait...

Rien d'autre à tirer de la brute, et je me contente de partir au grand trot.

La nuit va tomber, et nous nous engageons dans un défilé où la route descend et où les ombres violettes du soir embrument déjà les choses.

Enfin voilà le « dar-diaf » déjeté et croulant, dans un terrain marécageux coupé de séguia fraîches. Nous faisons boire les deux vaillantes juments, puis nous cherchons les gardiens.

Ils sont campés dans une sorte de fissure de la montagne sous des tentes déclives et pouilleuses, et ils ont eux-mêmes bien mauvaise mine, avec des figures faméliques et rapaces.

Longs pourparlers pour le prix de la diffa et l'orge. Enfin nous déjeunons d'un peu de mauvais café et de couscouss noir sans viande, et nous nous reposons sous l'une des tentes. Par une déchirure du rideau intérieur des yeux curieux de femmes nous guettent.

Abdesselam a envie de coucher là et les « marabouts » voudraient nous retenir.

Mais moi, ce lieu et ces gens me pèsent. Je préfère le silence de la nuit glacée et sans lune et je ne me laisse pas fléchir. Nous remontons à cheval et nous filons, très vite, pour rejoindre la route.

L'obscurité est opaque et un vent froid se lève. Abdesselam maugrée un peu et finit par se taire, voyant que je ne l'écoute pas. Enfin nous trouvons une fontaine et un abreuvoir, au pied d'une haute colline envahie par l'alfa. Nous montons, et nous allumons du feu pour nous chauffer et nous éclairer pendant que nous mangeons un peu de galette bise, le deuxième repas de la nuit de Ramadhane...

... Nous arrivâmes à Géryville. D'autres étapes suivirent...

En passant par Aflou, dans le Djebel-Amour, je recueillis quelques sujets de contes, et je fus vivement frappée par le caractère de la belle population industrieuse et forte de cette région où s'est conservé l'art du tapis. On parlait beaucoup du Sud et de la guerre à Aflou. Les échos des fusillades désertiques s'amplifiaient dans ces montagnes, rapportés et commentés par les goumiers qui rentraient d'une dure campagne dont on n'a jamais écrit les marches pénibles et les journées dangereuses.

Le siège de Taghit, raconté par un rhapsode arabe, passionnait l'auditoire d'un café maure. On eût cru entendre un chant des croisades, quand il était expliqué en vers scandés comment les cavaliers de la harka du Tafilalet étaient venus se faire tuer en cavalcadant sous les meurtrières de la redoute et en provoquant le capitaine de Susbielle en combat singulier...

Danseuse

Un long voile de gaze mauve, transparente, pailletée d'argent, jeté sur un foulard de soie vert tendre, encadrant un visage pâle, ovale, ombrant la peau veloutée et l'éclat des longs yeux sombres ; dans le lobe délicat des oreilles, deux grands cercles d'or ornés d'une perle tremblante, d'un brillant humide de goutte de rosée ; sur la sveltesse juvénile du corps souple, une lourde robe de velours violet, aux chauds reflets pourpres et, pour en tamiser et en adoucir le luxe pompeux, une mince tunique de mousseline blanche brochée. Finesse des poignets, chargée de bracelets d'or et d'argent ciselé, où saignent des incrustations de corail ; attitudes graves, sourires discrets, beaucoup de tristesse inconsciente souvent, gestes lents et rythmés, balancement voluptueux des hanches, voix de gorge pure et modulée : Fathima-Zohra, danseuse du Djebel-Amour.

Dans une ruelle européenne d'Aflou, près du grand minaret fuselé de la nouvelle mosquée,

Fathima-Zohra habitait une boutique étroite châsse hétéroclite et délabrée de sa beauté : lit de France à boules polies, réhabilité par l'écroulement soyeux d'un lourd ferach de haute laine aux couleurs ardentes, laide armoire à glace voilée d'étoffes chatoyantes, coffres du Maroc peints en vert et ornés de ciselures en cuivre massif, petite table basse, historiée de fleurs naïves, superbe aiguière au col élancé, fine, gracile, allumant des feux fauves dans la pénombre violette... Le rideau blanc de la fenêtre brodait de ramages légers le fond bleu du ciel entrevu.

Touhami ould Mohammed, fils du caïd des Ouled-Smaïl, avait transplanté là Fathima-Zohra, fruit savoureux des collines de pierre rose du Djebel-Amour.

Dans la brousse aux thuyas sombres et aux genévriers argentés, dans le parfum pénétrant et frais des thyms et des lavandes, sous une tente noire et rouge, Fathima-Zohra était née, avait grandi, bergère insouciante, fleur hâtive, vite épanouie au soleil dévorateur.

Un jour d'été, près du r'dir (1) rougeâtre où elle emplissait sa peau de bouc, le fils des « djouad » l'avait vue et aimée. Il chassait dans la région, avec les khammès de son père et les minces sloughis fauves. Touhami revint. Il posséda

(1) *R'dir :* réserve naturelle d'eau de pluie.

Fathima-Zohra, parce qu'il était parfaitement beau, très jeune, malgré la fine barbe noire qui virilisait sa face régulière aux lignes sobres, parce qu'aussi il était très généreux, très désireux de parer la beauté de la vierge primitive.., D'ailleurs c'était écrit.

Elle l'avait suivi dans la corruption de la petite citée prostituée. Elle était partie sans regret, ne laissant sous la tente paternelle qu'une marâtre hostile et l'éternelle misère bédouine.

Passive d'abord, héréditairement Fathima-Zohra était devenue une amoureuse ardente. Pour elle Touhami laissa sa femme, jeune et belle, languir seule dans la smala du caïd Mohammed. Il brava la colère de son père, de ses oncles, la réprobation de tous les musulmans pieux. Il passait des jours et des semaine d'assoupissement voluptueux dans le refuge de Fathima-Zohra, indifférent à tout, tout entier à l'emprise d'une sensualité inassouvie, exaspérée dans l'inaction et la solitude à deux. Il vécut ainsi, avec la grande insouciance de sa race prodigue, s'endettant chez les juifs, comptant sur son père, malgré tout.

Puis, un jour, tout fut anéanti, brisé, balayé : on se battait dans le Sud-Ouest, le beylik (1) avait besoin des goums de toutes les tribus nomades de

1) *Beylik*, gouvernement.

la région. Le caïd Mohammed saisit cette occasion : il prétexta sa vieillesse et fit désigner son fils aîné pour commander les goums des Ouled-Smaïl.

Fathima-Zohra se lamenta. Touhami devint sombre, partagé entre le regret des griseries perdues et la joie orgueilleuse de partir pour la guerre.

La guerre ! Dans l'esprit de Touhami, ce devait être quelque chose comme une grande fantasia très dangereuse, où on pouvait mourir, mais d'où on revenait aussi couvert de gloire et de décorations. Lui comptait sur la chance.

Il fallait partir tout de suite, et les amants se résignèrent à l'inévitable. Leur dernière nuit fut longue d'extases douloureuses finissant dans les larmes, avec des serments très jeunes, très naïfs, très irréalisables...

... Le large disque carminé du soleil nageait, sans rayons, dans l'océan pourpre de l'aube. De petits nuages légers fuyaient, tout frangés d'or, sous le vent frais des premiers matins d'automne, et de grandes ondes de lumière opaline roulaient dans la plaine sur l'alfa houleux.

Les goumiers en burnous blancs ou noirs, encapuchonnés, silhouettes archaïques, traversèrent le village, sur leurs petits chevaux maigres, nerveux, que les longs éperons de fer excitaient à plaisir. En tête, Touhami faisait cabrer son étalon noir.

Il avait grand air, avec ses burnous et son haïk de soie blanche, sa veste bleue toute chamarrée d'or et sa selle en peau de panthère brodée d'argent. Il était heureux maintenant, et son visage rayonnait : il commandait des hommes, il les menait au combat.

Les belles filles ouvraient leurs portes pour dire adieu aux cavaliers qui passaient, amants anciens, amants de la veille, qui leur souriaient, très fiers eux aussi.

Parée et immobile comme une idole, les joues pâles et les paupières gonflées de larmes, Fathima-Zohra attendait sur son seuil depuis une heure, depuis que la destinée de Dieu avait arraché Touhami à sa dernière étreinte.

Ils échangèrent un adieu discret, rapide, poignant... Les yeux de Touhami se voilèrent. Il enleva furieusement son cheval. Tout le goum le suivit, galopade échevelée, animée de grands cris joyeux, accompagnés des you-you déjà lointains des femmes.

... Les mois s'écoulèrent, monotones, mornes pour Fathima-Zohra esseulée, pleins de désillusion pour Touhami.

Au lieu de la guerre telle qu'il l'avait rêvée, telle que la comprennent tous ceux de sa race, au lieu des mêlées audacieuses, des grandes batailles, au lieu des escarmouches hardies, de longues marches à travers les hamada désolées, sur les pistes de pierre du Sud-Oranais.

Tantôt les goums escortaient les lents convois de chameaux, ravitaillant les postes du Sud, tantôt ils se lançaient à la poursuite de djiouch insaisissables, de harka qu'on ne joignait jamais... Quelques rares fusillades avec les bandits faméliques qui se cachaient, quelques captures faciles de tentes en loques, pouilleuses, hantées de vieillards impotents, d'enfants affamés, de femmes qui hurlaient, qui embrassaient les genoux des goumiers et de leurs officiers français, demandant du pain. Pas une bataille, pas même une rencontre un peu sérieuse. Une fatigue écrasante et pas de gloire.

Touhami s'ennuyait ; il s'impatientait, souhaitant le retour aux étreintes de Fathima-Zohra...

... Un défilé aride sous un ciel gris, entre des montagnes aux entablements rectilignes de roches noirâtres, luisantes. Quelques rares buissons de thuyas, des chevelures grises d'alfa. Un grand vent lugubre glapissant, dans le silence et la solitude. La nuit était prochaine, et le goum se hâtait, maussade, sous la pluie fine : c'était la dure abstinence du Ramadhane, en route et par un froid glacial.

Tout à coup une détonation retentit, sèche, nette, toute proche. Une balle siffla ; l'officier cria : « Au trot ! » Le goum fila, pour occuper une colline et se défendre. Une autre détonation, puis un crépitement continu, derrière les dentelures d'une petite arête commandant le défilé. Un cheval tomba. L'homme galopa à pied. Un autre roula à terre. Un cri rauque, et un bras brisé lâcha les rênes d'un cheval qui s'emballa.

L'œuvre de mort était rapide, sans entrain encore, puisque sans action de la part des goumiers. Quand ils eurent abrité leurs chevaux derrière les rochers, les Ouled-Smaïl vinrent se coucher dans l'alfa : enfin ils ripostaient. Et ils tirèrent avec rage, cherchant à deviner la portée des coups, criant des injures au djich invisible. Une joie enfantine et sauvage animait leurs yeux fauves ; ils étaient en fête.

Touhami avait voulu rester à cheval, à côté de l'officier, calme, soucieux, qui allait et venait, songeant aux hommes qu'il perdait, à la situation peut-être désespérée du goum isolé. Il n'avait pas peur, et les goumiers l'admiraient, parce qu'il était très crâne et très simple, et parce qu'ils l'aimaient bien.

Touhami, au contraire, riait et plaisantait, tirant à cheval, maîtrisant sa bête qui, à chaque coup, se cabrait, les yeux exorbités, la bouche écumante. Il ne pensait à rien qu'à la joie de pouvoir dire aux siens, plus tard, qu'il s'était battu.

— Mon lieutenant, tu entends les mouches à miel, qu'elles sifflent autour de nous !

Touhami plaisantait les balles, faisant sourire le chef. Il arma son fusil, tira, visant dans un buisson qui semblait remuer... Puis, tout à coup, il lâcha son arme et porta ses deux mains à sa poitrine, se penchant étrangement sur sa selle. Il vacilla un instant, puis tomba lentement, s'étendant sur le dos, de tout son long, pour une dernière convulsion. Ses yeux restèrent grands ouverts, comme étonnés, dans son visage très calme.

— Pauvre bougre !

Et le lieutenant regrétta l'enfant nomade qui désirait tant se battre et à qui cela avait si mal réussi.

L'étalon noir s'était enfui vers la vallée où il sentait les autres chevaux...

... Sous les voûtes basses, blanchies à la chaux, des lampes fumeuses répandent une faible clarté, laissant dans l'ombre les angles de la salle.

Des nomades vêtus de laines blanches, des spahis superbement drapés de rouge, des mokhazni en burnous noir, s'alignent le long des murs, accroupis sur des bancs. Silencieux, attentifs, ils écoutent, ils regardent. Parfois un œil s'allume, une paupière bat, le désir pâlit un visage.

La « rh'aïta » bédouine pleure et gémit, tour

à tour désolée, déchirante, haletante, râlant... Comme un cœur oppressé, le tambourin accélère son battement, devient frénétique et sourd... Des fumées de tabac, des relents de benjoin, alourdissent l'air tiède.

Parée comme une épousée, toute en velours rouge et en brocart d'or, sous son long voile neigeux, Fathima-Zohra danse, lente, onduleuse, toute en volupté. Ses pieds glissent sur les dalles, avec le cliquetis clair des lourds « khalkhal » d'argent, et ses bras grêles agitent, comme des ailes, deux foulards de soie rouge. La lueur douteuse des lampes jette des traînées de sang, des coulées de rubis, dans les plis de la tunique de la danseuse.

Mais Fathima-Zohra ne sourit pas. Elle reste pâle, muette, avec un regard sombre. Et cependant elle danse, allumant les désirs de tous ces mâles dont l'un sera son amant pour cette nuit. Mais en elle rien ne vibre, rien ne s'émeut...

Un matin trouble de fin d'automne, sous la pluie, une troupe d'hommes en loques, montés sur des chevaux fourbus, a traversé, maussade et silencieuse, le village... Et l'un d'eux a conté comment Touhami ould Mohammed mourut par une soirée néfaste de Ramadhane, dans un défilé désert du Mogh'rib lointain.

Aflou, décembre 1903.

NOTES SUR OUDJDA

Oudjda

A travers les années errantes, l'œil blasé s'habitue aux plus éclatantes couleurs, aux plus étranges décors. Il finit par découvrir la décevante monotonie de la terre et la similitude des êtres — et c'est un des plus profonds désenchantements de la vie.

Pourtant il est des coins de pays qui semblent échapper à la tyrannie du temps, et qui se conservent presque intacts : ceux-là seuls peuvent rendre aux âmes les plus lasses le frisson et l'ivresse qu'elles croyaient perdus à jamais.

En plein torrent du siècle nivelateur, Oudjda est parmi ces cités oubliées.

L'impression en est d'autant plus intense qu'elle est inattendue, venant après une succession de décors d'une beauté connue, accoutumée, sans rien d'excessif et d'imprévu.

C'est d'abord, en ce terne printemps, une brève vision de Tlemcen embrumée, noyée de pluie, enfouie dans ses jardins très verts et très riants, avec ses hautes murailles grises, ses ruelles et ses boutiques, ses aspects saures et surannés, avec le minaret de Sidi-Bou-Médine se dessinant en noir sur l'horizon éploré.

Puis, au départ, sous un rayon de soleil faible, furtif comme un sourire au milieu des larmes, la grande silhouette de Mansourah ruinée, foudroyée, s'obstinant pourtant à durer, fière toujours sur le seuil de l'anéantissement, dans l'ardente poussée de vie végétale du sol africain.

Au delà de la brousse et des collines paisibles, au delà de la Tafna boueuse et insurgée, Lella Marhnia, petite bourgade militaire, aux rues larges, droites, bordées de fondouks vastes où la vague agitée du Maroc en fermentation vient battre et écumer en d'âpres trafics.

Derrière Marhnia, la plaine immense d'Angad en son large cirque de montagnes.

Là, plus rien que tristesse et monotonie, avec les squelettes gris des jujubiers effeuillés et les longues plaies rouges des oueds ravinés sillonnant l'herbe humide.

Sur la piste capricieuse, des charognes béantes étalent l'effroi de leurs entrailles arrachées, sous la caresse du soleil pâle, voilé de légères vapeurs blanches.

Une ceinture d'oliveraies profondes, des jardins fertiles et le velours vert des petits champs d'orge avec, parfois, au coin d'une muraille de terre, la floraison carminée d'un pêcher : un paysage tranquille qui rappelle le Sahel tunisien.

Mais, tout à coup, les oliviers s'écartent. Un haut rempart d'un blanc terne se dresse, inaccessible, farouche, troué d'une porte voûtée, puissante. C'est Oudjda.

Assis ou à demi couchés à terre, des « asker », soldats du Makhzen, en veste et chéchia écarlates, gardent la porte. Indifférents, l'œil vague, ces hommes nous regardent passer et répondent distraitement à notre salam.

Quand le soleil sera couché, au moment où les moueddhen lanceront les notes traînantes de leur appel, les portes d'Oudjda se fermeront, grinçant sur leurs vieux gonds de fer. On portera les clefs dans la kasbah, chez l'amel, où elles resteront jusqu'à l'aube. Du coucher au lever du soleil, Oudjda sera ainsi isolée du restant de la terre, et aucun être humain ne pourra plus y entrer ni en sortir.

Dès que nous avons passé la voûte, une odeur nous prend à la gorge, une odeur violente et composite, faite de relents de pourriture, de musc, de charognes et d'olives macérées.

Et c'est dans la boue et la putréfaction que nous entrons, parmi les mares stagnantes parées d'efflorescences verdâtres, où croupissent des déjections, des bêtes mortes, des débris immondes et des loques.

Au lieu du silence et du recueillement des autres villes de l'Islam, ici, c'est un grouillement compact et bruyant, une tourbe qui se démène et roule dans la vase des rues. On dirait qu'un vent de fièvre a passé sur Oudjda. Les gens semblent se hâter, eux qu'on s'attendait à voir marcher lentement, gravement.

Ils se pressent, se bousculent. Pour quelles affaires urgentes, pour aller où, puisque c'est le soir et que les portes vont être inexorablement closes ?

D'abord quelques ruelles misérables, puis une première place bordée de maisons jadis blanches et qui s'écroulent, étalant de larges lèpres noires, montrant des lézardes profondes comme des blessures. S'ouvrant sur la fange noire du sol, des boutiques, alvéoles étroits où s'entassent des marchandises et des victuailles : olives noires, luisantes, dattes brunes pressées en des peaux tannées, jarres d'huile verdâtre, pains de sucre enveloppés de papiers bleus.

Sur les sentiers un peu secs, la foule se tasse le long des murs que le continuel frottement des mains polit et souille.

Quel mélange de races, de types, de costumes ! Citadins de Fez ou d'Oudjda, en djellaba de drap fin, le visage blanc et impassible, au regard de ruse et d'orgueil... Nomades en haillons terreux, enturbannés et encapuchonnés, le chapelet au cou, profils réguliers et durs, plus connus pourtant et plus sympathiques... Femmes loqueteuses, minables, roulées dans de vieux haïks de laine sale, traînant leurs savates dans la boue...

Courant entre les piétons, fuyant comme des bandes de souris sous les pieds des chevaux, des nuées d'enfants quémandeurs, effrontés, polis pourtant, avec de doux minois, avec de longs yeux de caresse... Enfin ce sont les soldats et les rôdeurs, à peine distincts les uns des autres, visages de famine et de pillage, les Guéballa du centre surtout, robustes encore après de longs mois d'atroce misère, avec des faces osseuses, des dents aiguës et des yeux luisants. Quelques-uns portent la veste rouge du Makhzen, par-dessus d'indicibles loques.

Tout cela parle à la fois, se dispute, chante, rit, plaisante... Car, dans cette ville de pourriture et de misère, à cette heure dernière du jour, une gaieté règne, une gaieté insolite et sinistre qui achève d'assombrir le spectacle, de le rendre effrayant.

Elle tient de la folie et du désespoir, cette gaieté factice, et les plaisanteries qui sonnent très haut sont atroces ou obscènes. A tous les coins de rues, des colloques brutaux entre les soldats, les gamins et les prostituées, femelles épuisées, décharnées, de ces mâles que tenaillent la faim et la luxure, qu'on a amenés ici de très loin, pour les vouer à une effroyable agonie, dans l'inconscience et le désordre du Mogh'rib en convulsions.

En entrant dans Oudjda, on a la sensation d'un recul subit dans les siècles, d'un brusque retour à la sombre vie du moyen âge.

Les deux cavaliers Beni-Ouassine, de la frontière, et moi, nous traversons toute la ville pour aller en un refuge sûr et calme : la zaouïya de Sidi Abdelkader de Bagdad.

Et tout à coup, comme le soleil se couche, pourpre dans un océan d'or verdâtre, Oudjda, en ces quartiers éloignés où ne grouille plus la plèbe famélique, Oudjda relève ses voiles de deuil et d'épouvante, Oudjda sourit, blanche et rose, enserrée de murailles sarrasines aux créneaux élégants et d'oliveraies murmurantes. Tout se tait : un seul bruit humain, vieux comme l'Islam, l'appel lent des moueddhen tombant de très haut sur le recueillement des êtres.

Sur des arceaux qui s'effritent, où l'herbe a poussé, des ramiers lissent leurs plumes qui s'irisent avec des roucoulements doux.

La grande paix, l'immobilité et la sérénité grave des vieilles cités d'Islam, tout ce qui les fait ensorcelantes et délicieuses, je le retrouve enfin ici, bien inattendu, bien saisissant, après le cauchemar et l'épouvante de l'arrivée.

... Une vision de nuit, plus sombre, sous le ciel qui, de nouveau, se charge de nuages.

Avec un esclave noir de la zaouïya, je retraverse Oudjda, à cheval, pour aller visiter la petite mission française chargée d'instruire les canonniers marocains.

Maintenant, dans l'ombre opaque, elle est plus hallucinante et plus lugubre, l'étrange ville.

Le va-et-vient continue, plus fiévreux, course fantastique de spectres, avec des vacillements de falots aux vitres colorées, jetant de longues traînées de lumière rouge, verte, bleue, sur la surface unie des mares, d'où montent des bulles qui éclatent, comme si la boue entrait en ébullition.

Au bout de bâtons, les passants agitent leurs lanternes pour ne pas s'enlizer. Ils rasent les murs, se courbent, se glissent les uns entre les autres.

Une place, l'un des marchés, irrégulière, coupée de fossés puants, d'amas d'immondices. Dans un coin, en tas, deux ou trois cadavres de chiens que les vivants viennent flairer, pour s'enfuir ensuite, épouvantés, la queue entre les pattes, avec un long hurlement de mort...

Là, dans la boue, des étalages en plein air, sacs, caisses, couffins, et encore des fanaux à la flamme vacillante, faisant danser des ombres démesurées, difformes sur les murs voisins... oh! le tumulte est assourdissant!

Sous le regard louche des lanternes, on vend des légumes, des oranges, des olives, des citrons, des dattes, même des sucreries ; seul, le pain est introuvable à cette heure tardive, ce pain après quoi soupirent tant de misérables exaspérés, d'êtres usés, enlaidis par la souffrance, et qui se multiplient menaçants, émergeant des coins d'obscurité pour y rentrer aussitôt, laissant l'inquiétude d'un profil sinistre entrevu, puis perdu, et qu'on croit sentir quelque part, tout près, derrière soi.

Mon cheval glisse, frémit. Il a peur de ces fantômes et de ces lumières ; il renifle et se cabre au milieu d'un concert d'imprécations.

Et c'est là, dans la nuit inclémente qu'on sent la faim, l'affreuse faim qui tenaille, à côté des citadins rassasiés, les lamentables « berrania », soldats, rôdeurs et gens des alentours, fuyant la guerre et réfugiés en ville.

Une clameur monte, gémissante, monotone, de toutes les places, de toutes les ruelles : « Dans le sentier de Dieu, du pain ! » « Pour Sidi Abdelkader Djilani, du pain ! » Et, au delà du marché, dans les ténèbres, une voix qui domine les autres, une voix blanche d'aveugle, martèle à l'infini les mêmes syllabes sur un air monotone et saccadé : « Qui me fera l'aumône d'un pain pour Sidi Yahia ! »

Et ce nom de Sidi Yahia, patron d'Oudjda, revient en refrain, sonne avec une dureté d'expression qui finit par rendre farouche et menaçante cette supplication de mendiant.

Enfin, non sans peine, nous trouvons la kasbah : le nègre connaît à peine les rues, et les passants interrogés se détournent et ne répondent pas. Au delà d'une nouvelle muraille, en pleine ville, dans un quartier plus désert, une haute maison blanche, fermée, barricadée comme tout ici.

Là, abandonnés de leurs élèves depuis que le pain manque, deux officiers et un sergent français, avec deux sous-officiers de tirailleurs indigènes algériens, demeurent seuls, exilés, réduits à l'inaction, dans la morne tristesse de ce coin d'Oudjda. Ils restent à leur poste de soldats et se résignent, dans l'incertitude et l'inutilité de leur présence, pauvres braves gens qui demain peut-être seront les victimes des querelles et des pillages marocains..

Il est trop tard pour retourner à la zaouïya, et c'est trop loin, à travers la boue et la foule. Dans une chambre antique, je m'étends sur un tapis.

Comme en rêve, dans mon demi-sommeil, j'entends tout à coup une voix nombreuse et indistincte d'abord, puis qui monte jusqu'à des sonorités limpides de hautbois, pour finir très lentement, très doucement, en un soupir : ce sont des Aïssaouah qui prient et qui psalmodient leur dikr (1) dans la sérénité pudique de la nuit, voilant

(1) *Dikr*, formule d'invocation spéciale à chaque confrérie.

la pourriture des choses, la souffrance et l'abjection des êtres.

Et là encore, c'est, comme au coucher du soleil, une impression de paix immense, d'immobilité, une impression intense de vieil Islam indifférent devant la mort, insoucieux devant les ruines, poursuivant à travers le tumulte des siècles de guerre et de sang son grand rêve serein d'éternité.

... Le jour s'est levé, clair, radieux, sur le petit jardin de rosiers caché dans la cour de la mission, à l'ombre d'un tremble géant, tout argenté, et des vieux remparts de la kasbah, rongés de mousse.

Retour au marché, toujours à cheval, de peur de marcher sur cette terre empestée.

... Oudjda respire : à l'aube sont sortis les quatre mille hommes affamés et menaçants de l'armée de Taza, recrutés presque tous parmi les terribles Guéballa. La mahalla est partie, droit devant elle, à la recherche du pain promis, et ne revient pas... Malheur à ceux qui rencontreront cette horde famélique sur les routes désertes !

Pourtant, aujourd'hui encore, des hommes courent, vendant à la criée les inutiles fusils et leurs vestes couleur de sang. Ils vendent ces choses avec une sorte d'acharnement, pour n'importe quel prix, avec des insultes, des moqueries pour le Makhzen impuissant et menteur. Leur haine éclate au grand jour.

Plus on avance, plus les rues deviennent étroites, plus la foule se fait compacte. Çà et là, dans la boue surchauffée, une charogne s'enfle. Une ferrure de cheval, une griffe avide de chien en arrache des lambeaux de chair morte, laissant des coulées de sang noirâtre et de sanie.

Et les gens de la ville, les « khador » propres et distingués, débordés depuis des mois par la horde des « berrania » n'essayent même plus de nettoyer leur ville : ils passent devant les immondices et se détournent avec dégoût.

On voit aussi, dans ces rues, coupées à chaque pas de voûtes, d'enceintes successives, une extraordinaire truanderie, des aveugles, des lépreux, des estropiés et des idiots...

Sensations de coupe-gorge, de bouge et de cour des miracles, mélange de dégoût, d'effroi, de pitié, tout s'amalgame en moi et m'oppresse.

Des hommes musclés, presque tous vêtus des défroques rouges du Makhzen, courent à travers la ville, bousculant les gens. Attachées à leur cou par une longue chaînette, une gamelle et une clochette, le tout en cuivre jaune, pendent et tintent. Sur leur dos, ils portent une outre pleine : se sont les guerbadjia, les marchands d'eau, qui, avec leur bruit insolite, ajoutent encore une note de dépaysement.

Tout à coup, parmi les brocanteurs, un grand beau soldat bronzé, en veste écarlate, élève à bras tendus un chien hérissé, hurlant, qu'il tient par la peau du cou. A pleine voix, imitant les vendeurs, il crie, par dérision :

— A cinq sous azizi, le chien ! c'est un bon gardien ; il ne ment pas, celui-là !

Et tous comprennent l'allusion insultante au Makhzen trompeur. C'est un tonnerre de rires, tandis que la bête, délivrée, s'enfuit en aboyant furieusement.

... A la zaouïya, de grandes cours claires, de longues salles nettes et blanches, du silence et du recueillement.

Autour du très jeune fils du cheikh absent, un enfant pâle et maladif en djellaba de drap sombre, des personnages graves, lents, au sourire accueillant, aux manières douces. Ils parlent — comme s'ils récitaient une leçon apprise — du Sultan, de ses idées de réformes bienfaisantes et des crimes du Rogui...

Mais, au fond, ils sont trop intelligents pour épouser toutes ces querelles. Ils veulent s'en abstraire, dans leur monde immuable et fermé, vivre comme vécurent leurs pieux ancêtres et diriger en silence, dans l'ombre, les affaires des croyants, sans s'inquiéter ou non du maître du Mogh'rib, toujours si effacé et si lointain.

De superbes négresses esclaves nous servent le thé et la diffa de lait et de viande poivrée. Sous leur mlahfa de laine sombre, elles ont des corps souples et musclés, d'une perfection de formes qui se devine à chaque mouvement. Et elles sourient à demi, roulant les globes blancs de leurs grands yeux d'une animalité caressante.

Comme elle est loin des horreurs du dehors, cette zaouïya cachée derrière des murs, et des enceintes successives, et des cours, et des corridors ! Comme elle est immaculée et paisible, dans la putréfaction et les hurlements d'Oudjda !

C'est sur cette impression de calme profond, recouvrant du mystère, que je pars.

Pour la dernière fois, nous retraversons encore tout le chaos d'Oudjda, sous le soleil de midi, et nous ressortons par la même porte de l'Est.

C'est la fin. Le somptueux rideau vert et argent des oliviers s'est refermé sur toutes ces courtes visions, sur ce rêve de quelques heures, tenant de l'ivresse et du cauchemar.

Et, malgré tout, avec tous ses contrastes, Oudjda sordide, affamée, prostituée, Oudjda, la ville de la putréfaction et de la mort, m'a laissé une de mes impressions d'Afrique les plus profondes, les plus saisissantes. Je l'ai quittée sans la fuir, presque à contre-cœur, gardant le souvenir nostalgique des rares instants où, comme furtivement, elle s'est montrée à moi, calme et souriante, d'une beauté mélancolique de princesse déchue, plongée en plein cœur de l'effroi et des ruines marocaines, dans ce pays où tout sommeille et où tout croule, lentement, sous les regards indifférents des hommes qui n'essayent pas de lutter contre l'anéantissement, qui ne croient pas à la force humaine...

Tlemcen, 27 mars 1904.

SAHEL TUNISIEN

Sahel tunisien

Je venais de traverser l'une de ces crises morales qui laissent les âmes abattues, comme repliées sur elles-mêmes, inaptes pour longtemps à percevoir les impressions agréables, — sensibles seulement à la douleur (1)...

Et cependant, de tous les voyages que je fis, celui du Sahel tunisien fut peut-être le plus calme.

A peine installée dans le train de Sousse, j'éprouvai une sensation singulière d'apaisement subit... Et ce fut avec la grande joie des départs que je quittai Tunis.

Le train s'en va, lentement, paresseusement, s'arrêtant à tout bout de champ, en de jolies stations très verdoyantes. Maxula-Rhadès d'abord, tout près encore, avec ses maisonnettes blanches sur la grève battue par les vagues qui arrivent du large, tandis que vers le Nord-Est brille le miroir immobile du lac. Puis le lieu de villégiature

(1) D'un cahier commencé sous ce titre : *Un Automne dans le Sahel tunisien — septembre-octobre 1899.*

aristocratique des mulsumans riches : Hammam-el-Lif.

Plus loin, le chemin de fer s'engage dans la campagne, s'éloignant de la côte.

Ici, je retrouve avec joie les aspects familiers du pays bédouin : collines rougeâtres, champs que les moissonneurs arabes laissent tout dorés de chaumes, pâturages gris avec les troupeaux et les bergers nomades... Çà et là, une immobile et bizarre silhouette de chameau... Parfois, sur un petit pont de fer, le train franchit quelque oued inconnu, desséché par l'été et envahi par les lauriers-roses étoilés de fleurs.

Mais après Bir-bou-Rekba, la voie se rapproche de nouveau de la mer que nous apercevons, calme et violette, très haut sous le ciel implacable de midi. Des deux côtés, ce sont des prairies très vertes et de petits bois d'oliviers, dépouillés de leur suaire de poussière estivale par les premières pluies d'automne.

La côte basse se découpe en larges anses gracieuses, en caps dentelés d'un vert tendre, sur l'azur lilacé, immobile, du golfe de Hammamett. Çà et là, un petit village de pêcheurs posé sur un cap ou au fond d'une anse, tout laiteux de chaux immaculée, se reflète dans l'eau profonde.

Aspects calmes d'un pays sans âge et sans caractère excessif. Il serait difficile de savoir sur quel point du globe on se trouve si, à chaque passage à niveau l'on n'apercevait, immobiles sur leurs chevaux maigres et hérissés, les Bédouins roulés dans les plis lourds du « sefséri » qui, en Tunisie, remplace, pour le peuple, le burnous des Algériens... Figures sèches et bronzées, souvent imberbes, au type très accusé de race berbère... Regards indifférents, sombres pour la plupart.

Depuis Bou-Ficha, nous entrons dans les oliveraies immenses qui couvrent le Sahel tunisien.

Dans la nuit chaude et silencieuse, après Menzel-Dar-bel-Ouar, de la campagne endormie commence à monter vers nous une odeur aromatique, mais lourde et écœurante: nous approchons des huileries nombreuses de Sousse.

J'allais là-bas, sans y connaître personne, sans but et sans hâte, sans itinéraire fixe surtout... Mon âme était calme et ouverte à toutes les sensations aimées de l'arrivée en pays nouveau.

... Sousse, une ville arabe, tortueuse et charmante, étagée sur une colline haute, enclose encore d'une muraille sarrasine, crénelée et d'une blancheur neigeuse. Sur le versant de la colline, en dehors des remparts, des cimetières immenses, entourés de haies de figuiers de Barbarie, brûlés et jaunis par le soleil. Plus haut encore, les toits rouges et les bâtiments longs et bas du camp des tirailleurs.

Sousse est jolie. Jadis, elle s'appelait El-Djohra, « la perle ». Maintenant on l'appelle Souça, « le ver à soie ».

De Sousse à Monastir, la route descend vers la mer, qu'elle borde de jardins et de masures italiennes. Puis elle s'engage dans une campagne déserte et morne, faite de champs infertiles coupés de petites sebkha salées, toutes blanches.

... Pour la première fois, cette région désolée m'est apparue sous un ciel bas et chargé de nuages... et elle s'étendait, livide, sinistre, à la tombée d'une nuit d'automne...

Mais bientôt les jardins recommencent, et nous passons entre des forêts d'oliviers abritant les abreuvoirs, où les petites Bédouines mènent tous les soirs leurs troupeaux et leurs chevaux indociles.

Monastir reste cependant une ville unique, d'un charme et d'une tristesse particulière.

Un peu en retrait sur la mer, comme toutes ces cités arabes des côtes basses, bâtie sur un terrain salé et salpêtré, avec ses maisons grisâtres, à un étage, et ses rues sans pavé, Monastir ressemble aux mélancoliques oasis sahariennes, et serait à sa place sur le bord de quelque chott de l'Oued Rir' étrange...

Mais la côte y est bordée de brisants, et l'on entend sans cesse gronder la mer, autour du promontoire élevé de la Kahlia, qui sépare la vieille ville du petit port moderne... Ce murmure éternel, cette plainte profonde et douce, il me semble l'entendre encore, après des années, tellement sa musique me charma alors, durant mes courses solitaires et nocturnes et mes longues rêveries sur la grève.

Les Monastiriens ne ressemblent déjà plus aux citadins efféminés de Tunis et de Sousse, qui sont gracieux, polis et affables, mais qui n'ont plus rien de la majesté âpre de la vraie race arabe, née pour le rêve et pour la guerre.

Comme Sousse, Monastir occupe le fond d'une grande baie aux contours arrondis et gracieux, ouverte à l'Orient.

De Monastir à Kasr-Hellel, la route suit de nouveau la côte, à travers des champs moissonnés et des oliveraies.

Là, le matin, quand le soleil émerge de la haute mer pourpre, à l'heure où tout s'irrise et se dore, on voit un peuple de pêcheurs descendre tout habillés dans l'eau peu profonde, et s'en aller au loin, vers le milieu de la baie, avec des paniers, des corbeilles, des filets et des engins de pêche très primitifs.

L'horizon vague, souvent très calme, se peuple le soir d'une infinité de petites voiles latines, roses ou pourprées, dans le reflet du couchant : ce sont les barques et les tartanes de pêche qui remontent de très loin parfois, de Sfax ou de Zarzis.

Kasr-Hellel... Une bourgade linceulée de chaux blanche, entre la mer bleue et les bois d'oliviers obscurs. Au-dessus des terrasses plates et des petits dômes, un minaret blanc se dresse et, tout à côté, un grand dattier solitaire, unique, s'incline mélancoliquement... Tous les soirs, les maisons blanches de Kasr-Hellel s'empourprent, et semblent en feu, tandis que le palmier et le minaret apparaissent, auréolés d'or rouge, très haut dans le ciel embrasé.

Derrière un cap arrondi se groupe le petit village de pêcheurs Seyada, en face des îles Kouriatine, dont le phare brille à l'horizon; la nuit, avec le feu rouge et immobile de Monastir et celui, tournant, de Sousse, très loin, à peine visible, et seulement aux heures de grand calme marin.

Seyada est perdue au millieu des oliviers, coupés de haies de cactus, hérissés de dards, impénétrables, sauf pour les chacals et les rôdeurs bédouins.

Les filles de Seyada sont réputées dans tout le Sahel pour leur beauté, et les jeunes hommes de Moknine aiment à dire de leurs aimables voisines : « Celui qui, une fois, respire l'air salé de la mer à Seyada et le parfum capiteux de ses filles, en oublie le sol natal. »

Moknine est assez loin de la mer, dans une vallée fertile. C'est une petite ville commerçante et coquette, tout arabe. Là encore, je retrouve des coins de chaux blanches, des murailles en ruines, des rochers sablonneux et des silences lourds, qui me rappellent les oasis aimées de la patrie saharienne.

Dans ces villes de l'intérieur tunisien, les gens de la campagne et du peuple ne portent pas le burnous majestueux dont se drape l'Algérien le plus pauvre, toge loqueteuse mais patricienne.

Les pauvres et les Bédouins se roulent dans le sefséri blanc ou noir, longue pièce de laine dont ils rejettent d'ordinaire un pan sur leur petit turban, et ce drapé leur donne, au clair de lune, dans les rues solitaires et sur les places publiques, un aspect fantastique de revenants roulés encore dans le « kéfenn » de la tombe... Les femmes, Bédouines ou citadines pauvres, ici comme ailleurs, revêtent les mêmes voiles, bleu sombre ou rouge, le même édifice compliqué et lourd de cheveux noirs, de tresses de laine, de bijoux et de mouchoirs de soie, la même ceinture lâche, nouée très bas, presque sur les hanches.

A Moknine, j'ai passé quelques-unes de mes heures vagues, délicieuses et orientales : heures de rêve, dans un décor ancien, aux sons des instruments et des chants de jadis...

Toutes ces bourgades du Sahel sont adorablement jolies, blanches comme des perles dans l'écrin de velours sombre des oliviers... Tout plaît en elles, jusqu'à leurs noms sonores : Ouardénine (les deux roses), Souïssa (petite Sousse), Menzel-bir-Taïeb (le village du bon puits), Oued-Saya, Djemmal, Sidi-el-Hani, El-Djemm, Beni-Hassène...

La beauté de ce pays est unique sur l'âpre et splendide terre d'Afrique : tout y est doux et lumineux, et même la mélancolie des horizons n'y est ni menaçante ni désolée, comme partout ailleurs. L'air du Sahel est vivifiant et pur, son ciel, d'une limpidité incomparable...

Au delà de Moknine, les terrains s'élèvent, et commence un pays sauvage et étrange, où les forêts d'oliviers sont coupées parfois par de grands plateaux désolés. C'est le pays d'Amira.

Les habitants, cultivateurs ou bergers, sont craints dans tout le pays, car ils ont une réputation de pillards et de batailleurs.

La medjba.

J'étais venu là avec le jeune khalifa de Monastir, Si Larbi Chabet, pour récolter les arriérés de la medjba, l'impôt de capitation que payent les indigènes de la campagne en Tunisie.

Si Larbi ne se douta jamais que j'étais une femme, il m'appelait son frère Mahmoud, et je partageai sa vie errante et ses travaux pendant deux mois.

Partout, dans les sombres tribus indociles et pauvres, l'accueil nous fut hostile. Seuls, les burnous rouges des spahis et les burnous bleus des deïra en imposaient à ces hordes faméliques... Le bon cœur de Si Larbi se serrait, et nous avions honte de ce que nous faisions — lui par devoir, et moi par curiosité — comme d'une mauvaise action.

J'eus cependant là-bas des heures charmantes... Certains noms de ce pays évoquent en moi d'innombrables souvenirs.

Au sortir de Moknine, séparée des oliveraies par des haies de hendi (figuiers de Barbarie), la route s'en va, poudreuse et droite, et les oliviers semblent l'accompagner indéfiniment, onduleux comme des vagues, et argentés à leur sommet, comme elles.

... Une petite mosquée fruste, d'un jaune terreux, rappelant les constructions en toub du Sud, quelques maisons de la même teinte d'ocre, quelques décombres, quelques tombeaux disséminés au hasard : c'est le premier hameau d'Amira, Sid'Enn'eidja.

Devant la mosquée, une petite cour envahie d'herbes folles et, au fond, une sorte de réduit voûté, à côté duquel un figuier étale ses larges feuilles veloutées. Et là se trouve le puits, profond et glacé.

Sur une natte, nous nous installons. Si Larbi, pour aller plus vite, me prie de l'aider : je ferai fonction de greffier.

Les spahis et les deïra introduisent le cheikh, grand vieillard à profil d'aigle, aux yeux fauves, et tous les anciens de la tribu, accompagnés de leurs fils grands et maigres sous leurs sefséri en loques. Quel étrange ramassis de visages brûlés par le soleil et le vent, de têtes énergiques jusqu'à la sauvagerie, au regard sombre et fermé !

Le cheikh fournit de longues explications embrouillées sur un ton pleurard. A chaque instant, autour de lui, des cris éclatent, formidables, avec la véhémence soudaine de cette race violente, qui passe du silence et du rêve au tumulte. Tous affirment leur misère.

Je les appelle, un à un, d'après une liste.

— Mohammed ben Mohammed ben Dou' !

— An'am ! (Présent.)

— Combien dois-tu ?

— Quarante francs.

— Pourquoi ne payes-tu pas ?

— *Je suis rouge-nu,* Sidi. (Idiotisme tunisien pour dire fakir, pauvre.)

— Tu n'as ni maison, ni jardin, ni rien ?

D'un geste de résignation noble, le Bédouin lève la main.

— Elhal-hal Allah ! (La chance appartient à Dieu.)

— Va-t'en à gauche.

Et l'homme, le plus souvent, s'éloigne, résigné, et va s'asseoir, la tête courbée ; à mesure, les spahis les enchaînent : demain, l'un des cavaliers rouges les mènera à Moknine, et de là à la prison de Monastir, où ils travailleront comme des forçats, jusqu'à ce qu'ils aient payé...

Ceux qui avouent posséder quelque chose, une pauvre chaumière, un hameau, quelques moutons, sont laissés en liberté, mais le khalifa fait saisir par les deïra ce pauvre bien, pour le vendre... Et nos cœurs saignent douloureusement quand des femmes en larmes amènent la dernière chèvre, la dernière brebis à qui elles prodiguent des caresses d'adieux.

Puis, traînant avec nous une troupe morne et

résignée d'hommes enchaînés, marchant à pied entre nos chevaux, nous allons plus loin...

Chrahel, que les lettrés appellent Ichrahil.

Quelques maisons disséminées entre les oliviers plus luxuriants que partout ailleurs... Nous dressons notre tente de nomades en poil de chèvre, basse et longue.

Les spahis et les deïra s'agitent sous leurs costumes éclatants, allument le feu, s'en vont réquisitionner la diffa, le souper de bienvenue offert de bien mauvais cœur, hélas !

Si Larbi, le spahi Ahmed et moi, nous allons errer un instant dans le village, au crépuscule.

Nous trouvons une jeune femme, seule, qui cueille des figues de Barbarie.

Ahmed s'avance et lui dit :

— Donne-nous des figues, chatte ! Enlève les épines, que nous ne nous piquions pas, ô beauté !

La Bédouine est très belle et très grave.

Elle fixe sur nous le regard hostile et fermé de ses grands yeux noirs.

— La malédiction de Dieu soit sur vous ! Vous venez pour nous prendre notre bien !

Et elle vide violemment à nos pieds son couffin de figues, et s'en va.

Le cavalier rouge, avec un sourire félin, étend la main pour la saisir, mais nous l'en empêchons.

— Assez d'arrêter de pauvres vieux, sans

toucher encore aux femmes ! dit le khalifa.

— Oh ! Sidi, je ne voulais pas lui faire du mal !

Et pourtant ces hommes revêtus de couleurs éclatantes sortent de ce même peuple dont ils connaissent la misère pour l'avoir partagée. Mais le spahi n'est plus un Bédouin, et, sincèrement, il se croit très supérieur à ses frères des tribus, parce qu'il est soldat.

Nous passons encore un quart d'heure à causer avec un inénarrable petit négrillon trouvé sur une route, et qui nous fait rire aux éclats par l'impromptu de ses reparties et son intelligence simiesque.

Puis, après souper, mollement étendus sur nos tapis, nous écoutons chanter le chœur des jeunes hommes de Chrahel.

Le peuple du Sahel est éminemment musicien, et les bergers de ces régions composent encore de nos jours des chants parfaitement rythmés, d'une égale beauté de paroles et de mélopée.

— O mère, mère, mon amie ! Depuis qu'on t'a portée au cimetière, rien ne me sourit plus en ce monde... Le chagrin habite mon cœur, et les larmes coulent de mes yeux changés en ruisseaux amers.

J'écoute encore :

— J'ai couvert ma tête de mon burnous et j'ai pleuré à cause de Djénetta. Je lui disais : Ne viens pas avec moi, car il se peut que je meure auprès de toi. Et ce jour-là, si tu pleures, les gens diront : « Un tel fut l'amant d'une telle », ou encore : « Celui qu'elle aimait est parti. Il lui jurait un amour éternel, mais il l'oublia dans l'année ». Et la honte serait sur toi...

Il est tout près de minuit quand nous rentrons sous nos tentes.

Incident

Nous étions arrivés la veille à Zouazra, territoire de la tribu de ce nom, et l'on avait dressé notre vaste tente en poil de chèvre près du gourbi du cheikh Si Amor.

Zouazra est située au milieu d'un vert plateau, entouré de ces jardins d'oliviers qui donnent au Sahel tunisien son aspect opulent.

Vers notre gauche, à une soixantaine de mètres, commençaient les oliviers. En face, à droite, s'étendait la plaine africaine qui, dès qu'elle n'est point cultivée, reprend son caractère de tristesse infinie...

La nuit avait été mauvaise. Le vent avait soufflé en tempête, secouant furieusement notre tente. Il avait plu ; les chevaux, épouvantés, avaient henni et s'étaient débattus, essayant de libérer leurs chevilles de la longue corde tendue à ras de terre.

Les chiens, inquiets, avaient erré dans le douar, avec des gémissements plaintifs. Les gardiens que nous avions postés autour de notre campement affirmaient avoir vu rôder des ombres suspectes à la lisière des jardins...

Roulés dans nos « ihram » épais, nous avions souffert du froid et de l'humidité. A l'aube, nous nous étions levés transis et de fort méchante humeur.

Ahmed, le domestique de Si Elaraby, avait ordonné aux gens de la tribu de faire un grand feu devant nos tentes. Le bois, humide, s'allumait mal, et le vent nous apportait des bouffées d'âcre fumée.

Je m'éloignai un peu de la tente et allai errer du côté de la plaine.

Les nuages s'étaient dissipés et le jour se levait, paisible et limpide. A l'horizon occidental, les ramures puissantes des oliviers se dessinaient en noir sur le fond rosé du ciel clair. Vers l'Ouest, les étoiles pâlissaient dans l'ombre encore profonde. La grande paix automnale de ce pays évoqua en moi des souvenirs tristes et doux, des impressions pareilles, ressenties jadis, dans la même saison, à Bône, sur un tout autre point de cette côte barbaresque qui est ma patrie d'élection et que j'aime avec toutes ses tristesses et sous tous ses aspects.

Je retournai vers la tente.

Le soleil s'était levé, triomphant et radieux.

Au milieu du douar, les femmes s'agitaient autour d'un grand feu, préparant notre premier déjeuner.

Le khalifa, malade, s'était couché devant notre

tente et fumait, se laissant paresseusement réchauffer par le soleil.

Les trois cavaliers du Makhzen, le domestique et les muletiers s'étaient mis à jouer aux cartes.

J'éprouvais la sensation délicieuse de liberté, de paix et de bien-être qui, chez moi, accompagne toujours le réveil au milieu des spectacles familiers de la vie nomade.

Tandis que nous attendions, non sans impatience, le déjeuner, nous vîmes subitement arriver un cavalier bédouin, monté sur un cheval blanc sans selle et sans bride. L'homme, son ihram au vent, cramponné à la longue crinière de l'animal emporté, lui talonnait les flancs de ses pieds nus et poussait des cris lugubres, une sorte de lamentation monotone et continue.

Quand il fut plus près, nous comprîmes qu'il criait :

— Mon frère est mort ! Mon frère est mort !

Au lieu de nous expliquer ce qu'il voulait, il se laissa tomber à bas de son cheval et se roula à terre, se tordant les mains et continuant à nous crier que son frère était mort... . . . . . .

. . . .

Amira

Pendant la nuit, un vent de tempête a chassé des tourbillons de pluie, détrempant le vaste plateau argileux où nous campons, les champs dénudés et les profondes oliveraies coupées çà et là de haies de figuiers de Barbarie.

Nos pauvres tentes nomades, mouillées et alourdies, semblent autant de grandes bêtes peureuses, aplaties sur la terre rouge.

L'aube terne et triste d'automne se lève sur cette campagne d'Afrique toute changée, comme déformée par les buées froides qui flottent à l'horizon.

Transis et maussades autour d'un grand feu pâle qui fume beaucoup, nous attendons en silence le café qui nous rendra un peu de force et de chaleur.

C'est une de ces heures grises, lentes, où l'âme semble se replier sur elle-même et sentir, avec une intensité douloureuse et morne, l'inutilité finale de l'effort humain.

... Depuis deux mois, par un hasard de ma vie errante, je campe dans les sombres tribus indociles de ces terres hautes d'Amira qui dominent les prairies fertiles et les bois ombreux du Sahel souriant.

Ayant promis à un journal des impressions de voyage dans ce pays, je me suis jointe à une petite caravane chargée par les autorités tunisiennes de faire des enquêtes sommaires et de récolter les impôts arabes, toujours arriérés.

Il y a là le petit khalifa du caïd de Monastir, Maure de Tunis, mince et fluet, très effacé, assez juste, point cruel et pas trop avide surtout ; deux vieux notaires arabes, s'immobilisant dans les idées et les attitudes de jadis, très doux, très bienveillants et souriants. Puis le brigadier de spahis Ahmed, un Oranais, singulier mélange de grâce juvénile, de violence souvent sauvage, d'insouciance et de réflexion beaucoup plus profonde que ne le comporte sa situation sociale... Enfin des Bédouins en burnous rouges ou bleus, qui sont des spahis et des deïra du Makhzen.

... Depuis deux mois, j'assiste en spectateur à ce que font ces gens que je ne connais que depuis que j'erre avec eux, vivant de leur vie, et qui ignorent tout de moi. . Pour eux, je suis Si Mahmoud Saâdi, le petit Turc évadé d'un collège de France...

Et mon cahier de notes est resté si peu chargé, malgré quelques remords, quelques velléités d'écrire... Une fois encore la vie bédouine, facile, libre et berceuse, m'a prise pour me griser et m'assoupir. Ecrire... pourquoi ?

Tandis que je songe, presque avec ennui, à toutes ces choses de ma vie présente, on vient tout à coup nous chercher pour aller là-bas, au fond de la plaine, apaiser une tribu qui, pour venger la mort de l'un des siens, veut aller en massacrer une autre...

Il faut tout abandonner, laisser le campement à la garde d'un deïra qui s'occupera du transport pour ce soir, et partir avec l'envoyé du cheikh...

Une course échevelée à travers des halliers, dans la terre molle et glissante. Nous sautons des fossés, des haies de figuiers de Barbarie, sur des chevaux énervés par le vent et la pluie et qui ne veulent plus obéir.

Mais voici le douar des Hadjedj, une centaine de gourbis et de tentes basses sur une colline arrondie, dans un site d'une nudité effrayante : pas un arbre, pas une herbe...

Une animation insolite règne dans le douar et, de très loin, nous entendons des clameurs furieuses.

Entre les tentes, des hommes en haïks noirs, ou terreux, que le vent agite, se démènent, discutant par groupes, en des attitudes violentes, tandis que d'autres, accroupis, fourbissent et arment de vieux fusils à pierre, aiguisant des sabres à poignées en bois, des poignards et des faucilles. Au milieu du douar, les femmes, enveloppées de voiles bleus ou rouges, se lamentent autour d'un haïk noir, tout gluant de sang, qui recouvre un cadavre...

Les hommes poussent de grands cris de menace et de mort, et comme au temps des migrations ancestrales, ils se disposent à aller massacrer et piller la tribu de Zerrath-Zarzour, campée vers l'Ouest, au delà d'un ravin large de près d'un kilomètre et profond comme un abîme.

Le jeune cheikh Aly, superbe d'énergie et d'émotion, s'avance à notre rencontre, un fusil à la main, et nous explique ce qui se passe :

— Ce matin, un garçon des Zerrath-Zarzour, nommé Aly ben Hafidh, est venu ici, chez nous, avec son frère Mohammed, pour vendre deux brebis à mon khodja, que voici. Ils ont rencontré un des nôtres, Hamza ben Barek, avec la famille duquel ils sont mal depuis longtemps. Ils étaient tous trois là-haut, sur cette petite éminence en dehors du douar. Ils se sont pris de querelle, et Aly ben Hafidh a frappé Hamza à coups de matraque, lui brisant le crâne... Voilà le cadavre. Toute la tribu et quatre bergers de la tribu de Melloul ont vu le crime. Mais Aly et son frère se sont enfuis dans le ravin. A présent les nôtres, pour se venger, veulent aller massacrer ceux des Zerrath-Zarzour.

Tandis que le cheikh nous parle, les hommes se sont rapprochés et un grand silence règne sur le douar, troublé seulement par les lamentations des femmes. Debout, le regard menaçant et ferme, les armes à la main, les nomades écoutent... A peine le cheikh a-t-il fini sa dernière phrase, que la sauvage clameur éclate de nouveau.

Les gestes et les cris sont d'une violence inouïe et les faces anguleuses des maigres Hadjedj deviennent effrayantes. Le cheikh Aly s'élance de nouveau vers eux, pour des exhortations et des menaces... J'entends un grand vieillard, à profil d'oiseau de proie, qui lui répond presque avec dédain :

— Tu es jeune, tu ne sais pas ! C'est le prix du sang... Et brusquement les nomades se dispersent, courant, essayant de gagner le ravin.

Mais les spahis et les deïra partent alors dans toutes les directions avec, eux aussi, de grands cris ; ils sont heureux, les nomades habillés en soldats, de galoper, de crier, de poursuivre, avec l'illusion de la guerre, ces hommes armés qui, à chaque instant, peuvent se retourner contre eux et devenir menaçants par le nombre... A cette chasse à l'homme, ils se grisent, et leurs figurent rayonnent d'une joie d'enfants turbulents et libres.

La scène tumultueuse, sous le ciel bas et gris, dans le vent furieux, est sauvage et superbe.

... Enfin la tribu est contenue, rabattue sur le douar, gardée à vue. Deux ou trois des plus forcenés sont pris et enchaînés. Il faut, maintenant, commencer l'enquête, et deux spahis partent à la recherche de l'assassin.

Il est tout jeune, cet Aly ben Hafidh qu'on nous amène, haletant, les vêtements en lambeaux, le visage couvert de sueur et de boue, les mains attachées derrière le dos. Il est pâle, mais le regard en dessous de ses longs yeux roux est farouche et fermé. Son frère, grand Bédouin maigre, au sombre visage de détrousseur, a l'allure d'un fauve pris au piège, prêt à bondir... Pourtant ce n'est pas lui qui a tué : c'est Aly, le petit nomade aux yeux dorés, au visage imberbe.

Par monosyllabes Aly ben Hafidh répond aux questions d'usage sur son identité.

— Pourquoi as-tu tué Hamza ben Barek ? demande le khalifa.

Alors l'accusé semble se ramasser sur lui-même pour une défense désespérée. Il courbe la tête et regarde le sol :

— Entre lui et moi, le Prophète de Dieu est témoin !

Désormais, comme en rêve, contre tout bon sens, contre toute évidence, il répète sa phrase, sa pauvre phrase de dénégation enfantine, apeurée à la fois et obstinée.

Il a commis son crime sur le sommet nu de la colline ; une cinquantaine de personnes l'ont vu. Avec son frère il s'est enfui et caché dans le ravin. Ses déclarations contredisent celles de son frère, interrogé en son absence.. Qu'importe ! A toutes les objurgations, à toutes les menaces, à toutes les prières, il répond, d'une voix atone, les yeux obstinément fixés à terre :

— Entre lui et moi, le Prophète de Dieu est témoin !

Pendant trois jours nous restons aux Hadjedj. Trois jours de discussions, de cris, de menaces, d'alertes continuelles... Enfin, quand l'ordre et la paix semblent rétablis, nous reprenons le chemin de Moknine, la capitale d'Amira.

Le beau temps est revenu. Il fait presque chaud, et une mince herbe drue sort partout de l'argile rouge fécondée par les pluies.

C'est encore le matin, l'heure limpide où la campagne s'étale, tout azurée, sous le ciel rose infiniment pur et pâle, comme agrandi.

Notre petite caravane s'avance lentement, malgré les ardeurs des chevaux joyeux ; nous traînons avec nous, une troupe silencieuse et morne de vingt-cinq ou trente prisonniers, arrêtés par-ci par-là, dans les tribus. Résignés, sans un geste ni un mot de révolte, ils marchent, enchaînés deux à deux par le poignet et la cheville. Ils semblent indifférents.

Aly, le seul assassin, a les bras liés derrière le dos, les pieds entravés, et marche séparément entre les chevaux des spahis. Il garde son attitude impénétrable et, quand les Bédouins de sa tribu parviennent à lui lancer, de loin, quelques paroles d'adieu, il répond d'une voix ferme, comme si c'était vrai :

— Entre lui et moi, le Prophète de Dieu est témoin !

Les Hadjedj, apaisés maintenant, le regardent passer en silence, sans haine presque, car il est entre les mains de la justice des hommes que les nomades, comme tous les hommes simples, redoutent instinctivement et n'aiment pas, car elle est étrangère à leurs mœurs et à leurs idées. Aly, pour eux, n'est plus l'ennemi qu'on a le droit de tuer, comme prix du sang : il est prisonnier, c'est-à-dire un objet de pitié, presque une victime de ce fantôme redouté et haï : l'Autorité. La haine et la vengeance des Hadjedj se reporteraient plutôt, maintenant, sur la tribu de Zerrath-Zarzour tout entière que sur Aly, s'ils avaient le pouvoir de lui nuire.

Tout à coup, d'un ravin masqué par des figuiers de Barbarie, un groupe de femmes émerge et s'élance vers nous, avec des gémissements et des plaintes. La plus vieille, conduite par une petite fille très belle, aux yeux noirs et ardents, est aveugle. Ses cheveux blancs retombent sur son front de momie. Elle pleure.

Toujours guidée par la petite fille, la vieille se suspend à l'étrier du khalifa et l'implore.

— Sidi, Sidi, pour le repos de l'âme de ta mère, aie pitié de mon fils unique, de mon Aly ! aie pitié, Sidi !

Notre convoi s'est arrêté et tous nos hommes sont graves. Nos cœurs se serrent affreusement devant la douleur de la vieille mère aveugle et en haillons, que nous sommes impuissants à consoler.

Le khalifa, presque prêt à pleurer, balbutie des promesses qu'il ne pourra tenir et la mère d'Aly se répand en bénédictions. Puis elle va tomber sur la poitrine de son fils, et se lamente comme sur le cadavre d'un mort.

Très pâle, le petit Bédouin tremble de tous ses membres.

— Ton père est couché dans le gourbi, dit la vieille, et il est malade, bien malade. Sans doute son heure est venue. Il te fait dire d'avouer, si tu as tué, pour que Dieu ait pitié de nous et de toi et pour que l'Ouzara (1) ne soit point impitoyable...

(1) Tribunal de l'Ouzara, cour criminelle musulmane à Tunis. Le crime de meurtre volontaire entraîne la peine de mort par pendaison.

Alors, tout à coup, convulsivement, Aly se met à pleurer et son visage jeune devient tout à fait enfantin. Très bas il murmure :

— Pardonnez-moi, musulmans ! J'ai tué une créature !

Parmi les cavaliers et les Bédouins qui se sont rapprochés, ce mot court joyeusement :

— Il a avoué ! Il a avoué !

C'est comme une détente et, tout de suite, Aly devient pour tous ces gens un objet de pitié plus profonde, presque de sollicitude. Le brigadier Ahmed, très dur pourtant, se penche lui-même vers Aly et lui détache les mains.

— Embrasse la vieille, dit-il.

Alors ce sont des adieux entrecoupés de sanglots, de cris et de gémissements de femmes... Puis le groupe éploré s'éloigne, mais longtemps encore on entend la vieille mère qui se déchire le visage avec des hurlements lugubres.

Le brigadier laisse les gens des Zerrath-Zarzour s'approcher d'Aly, lui dire adieu, lui donner quelques pièces de cuivre pour sa nourriture en prison... Parmi ceux qui viennent faire l'aumône au prisonnier, je reconnais deux ou trois vieillards de Hadjedj, de ceux-là mêmes qui, la veille, voulaient massacrer Aly et les siens.

— Tiens, nous te donnons cela dans le sentier de Dieu ! disent-ils. Puis ils s'éloignent, graves, presque solennels.

Bientôt le brigadier doit écarter tout le monde, car la foule des Ouled-Zerrath-Zarzour se fait compacte et cela pourrait devenir dangereux... Alors nous reprenons le chemin de Moknine à travers les bois d'oliviers où les gouttes de rosée nous font frissonner...

MŒURS TELLIENNES

Fellah

La vie du fellah est monotone et triste, comme les routes poudreuses de son pays, serpentant à l'infini entre les collines arides, rougeâtres, sous le soleil. Elle est faite d'une succession ininterrompue de petites misères, de petites souffrances, de petites injustices. Le drame est rare, et quand, par hasard, il vient rompre la monotonie des jours, il est, lui aussi, réduit à des proportions très nettes et très minimes, dans la résignation quotidienne et prête à tout.

Dans mon récit vrai il n'y aura donc rien de ce que l'on est habitué à trouver dans les histoires arabes, ni fantasias, ni intrigues, ni aventures. Rien que de la misère, tombant goutte à goutte.

Sous la morsure du vent de mer âpre et glacé, malgré le soleil, Mohammed Aïchouba poussait sa charrue primitive, attelée de deux petites juments maigres, de race abâtardie, à la robe d'un jaune sale. Mohammed faisait de grands efforts pour enfoncer le soc obtus dans la terre rouge, caillouteuse. Par habitude, et aussi faute d'outils et de courage, Mohammed se contentait de contourner les touffes de lentisque et les pierres trop grosses, sans jamais essayer d'en débarrasser son pauvre champ, le « melk » héréditaire et indivis des Aïchouba.

Le petit Mammar, le fils de Mohammed, cramponné à la gandoura terreuse de son père, s'obstinait à suivre le sillon où, un jour, il pousserait probablement à son tour la vieille charrue.

Mohammed approchait de la cinquantaine. Grand et sec, de forte ossature, il avait un visage allongé, tourné, encadré d'une courte barbe noire. Ses yeux d'un brun roux avaient une expression à la fois rusée, méfiante et fermée. Cependant, quand le petit Mammar s'approchait trop de la charrue, le père le repoussait doucement, et ses yeux changeaient. Un sourire passait dans son regard plein d'une obscurité accumulée par des siècles de servitude.

Un voile déchiré, simplement passé sur la tête, achevait de donner à Mohammed, sous ses haillons, l'air d'un laboureur de la Bible...

Le champ était situé sur le versant d'un coteau aride, au milieu du chaos des collines que dominait de toutes parts une muraille bleuissante de montagnes aux circuits compliqués.

En face, sur l'autre bord d'un ravin, on voyait les gourbis de la fraction des Rabta, de la tribu des Maïne.

Celui des Aïchouba se trouvait un peu à l'écart, au pied de la falaise rouge qui coupait brusquement la montagne. Quatre murs en pierre sèche, aux trous bouchés avec de la terre et de l'herbe, un toit en « diss ». Comme unique ouverture, la porte très basse, telle l'entrée d'une tanière. Une haie d'épines et de branches de lentisque, servant le jour à cacher les femmes et la nuit à abriter le troupeau.

Mohammed était l'aîné, le chef de famille. Ses deux frères, plus jeunes, habitaient sous son toit. Le premier, Mahdjoub, était marié. Se désintéressant du travail au champ, il élevait des brebis et des chèvres, et fréquentait les marchés. Benalia, le cadet, ne ressemblait pas à ses frères. Il avait dix-huit ans, et refusait de se marier.

Il gardait le troupeau et braconnait dans la montagne. Voleur à l'occasion, mauvais sujet irréductible, malgré les corrections fraternelles, il passait ses journées assis sur quelque rocher, en face du grand horizon doré, à jouer de la flûte bédouine ou à improviser des complaintes. Lui seul, peut-être, dans sa tribu, voyait la splendeur des décors environnants, la menace des nuages sur la crête des montagnes obscures et le sourire du soleil dans les vallées.

Au gourbi, Benalia gardait un silence presque dédaigneux. Il ne se mêlait ni aux querelles d'intérêt entre les deux grands frères ni aux interminables discussions des femmes.

Celles-ci étaient nombreuses, dans la demi-obscurité du grand gourbi. Mohammed en avait deux et Mahdjoub une. Il y avait encore là les sœurs non encore nubiles ou divorcées, les vieilles tantes et la mère Aïchouba, l'aïeule décrépite des petits qui pullulaient portés sur le dos des femmes courbées avant l'âge. Et c'était toute une smala exigeante et rusée, quoique craintive.

Pendant que les hommes étaient au dehors, les femmes écrasaient le blé dur dans le vieux petit moulin lourd et faisaient cuire les galettes azymes dans un four en terre ressemblant à une taupinière géante et qu'on fermait au moyen d'une marmite à moitié remplie d'eau.

Quand les travaux rudimentaires du champ et du troupeau ne réclamaient pas leur effort, Mohammed et Mahdjoub allaient, comme les autres hommes de la fraction, s'asseoir sur de vieilles nattes, près d'une hutte où un homme en blouse et en turban vendait du café et du thé.

Là, on parlait lentement, interminablement, des questions d'intérêt, avec la préoccupation des paysans toujours attentifs à la vie de la glèbe. On supputait la récolte ; on rappelait le dernier marché ; on comparait les années.

Le marché joue un grand rôle dans la vie bédouine. Il exerce une sorte de fascination sur les fellah, très fiers du marché de leur tribu. « Il va déjà au marché » se dit du jeune homme parvenu à l'âge de la virilité.

Parfois, quelqu'un racontait une histoire naïve et fruste, la révélation des trésors cachés dans la montagne et surveillés par des génies, des légendes du vieux temps ou bien des histoires merveilleuses sur les panthères, encore nombreuses aujourd'hui, et les lions.

La piété de ces tribus berbères de la montagne dont beaucoup parlent leur idiome, le chelha, est tiède, et leur ignorance de l'Islam est profonde. Les vieillards seuls s'acquittent des prières traditionnellement. Par contre, les marabouts sont très vénérés, et il est une infinité de koubba ou simplement de lieux saints où l'on va en pèlerinage, en mémoire de quelque pieux solitaire.

Chez les Aïchouba, seul, Mohammed priait et portait à son cou le chapelet de la confrérie des Chadoulia...

Et les jours s'écoulaient dans la torpeur résignée, dans la monotonie de la misère, endurée depuis toujours.

... L'année s'annonçait mal. Au moment des semailles d'hiver, la pluie avait détrempé la terre et transformé les chemins arabes, sentiers ardus et sinueux, en torrents. En effet, malgré le poids si lourd des impôts arabes, les douars sont encore dépourvus de voies de communication et rien n'est fait pour leur commodité, leur développement ou leur salubrité. Le fellah déshérité paye et se tait.

Les terres de la fraction des Rabta sont pauvres, épuisées encore par la mauvaise culture sans engrais, jamais. La brousse voisine les envahit.

Le pain noir et le maâch, le gros couscous grossier, menaçaient de manquer cette année ; l'impôt serait bien difficile à payer ; et une plainte sourde, un cri d'angoisse commençait à monter des collines et des vallées.

Il n'y avait cependant pas de révolte dans les attitudes et les discours des fellah. Ils avaient toujours été pauvres. Leur terre avait toujours été dure et pierreuse, et il y avait toujours eu un beylik auquel il fallait payer l'impôt. D'un âge d'or les Bédouins ne gardaient aucune souvenance.

Ils vivaient de brèves espérances, en des attentes d'événements prochains, devant apporter un peu de bien-être au gourbi : Si Dieu le voulait, la récolte serait bonne... ou bien les veaux et les agneaux se vendraient, et un peu d'argent rentrerait. Tout cela, même en mettant les choses au mieux, ne changerait rien au cours éternellement semblable de la vie du douar. Mais l'espoir fait passer le temps et supporter la misère.

... Le Bédouin est chicanier et processif de sa nature. Il considère comme une nécessité de la vie, presque comme un honneur, d'avoir des procès en cours, de mêler les autorités à ses affaires, même privées. Mohammed Aïchouba et son frère Mahdjoub avaient plusieurs fois soumis leurs différends au caïd, et même à l'administrateur, tout en continuant cependant à vivre ensemble.

Au gourbi, c'était Aouda, l'aînée des deux femmes de Mohammed, qui suscitait les querelles. Verbeuse et acariâtre, elle éprouvait le besoin incessant de se disputer et de crier, de rapporter des uns aux autres les propos entendus, habilement surpris. Quand les disputes dépassaient un peu le degré ordinaire, Mohammed prenait une matraque et frappait sa femme à tour de bras, mettant fin aux querelles pour quelques heures. Mais la ruse et la méchanceté d'Aouda n'avaient pas de bornes. Elle en voulait surtout à Lalia, la jeune femme de son mari, douce créature, jolie et à peine nubile, qui se taisait, supportant toutes les vexations d'Aouda et allant jusqu'à l'appeler Lella (madame).

Mohammed, sans tendresse apparente, avait pourtant un faible pour Lalia, et il ne revenait jamais du marché sans rapporter un cadeau quelconque à sa nouvelle épouse, augmentant ainsi la haine et la jalousie d'Aouda. Celle-ci avait deux enfants, deux filles, et elle comptait sur cette maternité pour empêcher son mari de la répudier. Mais les filles étaient déjà assez grandes, et Mammar, le favori de Mohammed, était le fils de Khadidja, la première femme de Mohammed, qui était morte. Les liens qui attachaient Mohammed à Aouda étaient donc bien faibles.

Comme il est d'usage chez les Berbères de la montagne, les parents d'Aouda l'excitaient encore contre son mari pour provoquer un divorce venant de lui, car alors il perdait le sedak, la rançon de sa femme, que les parents remariaient ensuite, touchant une autre somme d'argent.

... Mohammed, son labourage fini, mesura le grain, et son cœur se serra en voyant qu'il n'en avait pas assez pour ensemencer. Il en manquait pour une quinzaine de francs. Où prendre cet argent ? Irait-il, comme les années précédentes, s'adresser à M. Faguet, ou aux Kabyles habitant les « centres » de Montenotte et de Cavaignac ? A l'un comme aux autres il devait déjà plusieurs centaines de francs. Son champ et le troupeau de Mahdjoub servaient de garantie.

Il avait déjà vu vendre aux enchères un champ d'orge et trois beaux figuiers, que M. Faguet avait fait acheter par l'un de ses khammès.

Les usuriers ! Seuls, ils pouvaient le tirer d'affaire. Il fallait bien semer. Et Mohammed calculait, se demandant s'il s'adresserait au roumi de Ténès ou aux Kabyles des villages. M. Faguet lui prêterait le grain en nature au double du prix courant ; les Kabyles, pour un prêt de quinze francs, lui feraient signer un billet de trente...

Mohammed, lentement, marchait le long de son champ, en songeant aux usuriers. Le vent froid s'engouffrait dans le vieux burnous déchiré, dans la gandoura en loques, et pleurait sa tristesse immense autour de cette tristesse humaine.

... Le « centre » des Trois-Palmiers, en arabe Bouzraïa, est un village de création officielle. Les terrains de colonisation ont été prélevés sur les meilleures parcelles des tribus de Hemis et de Baghadoura, par expropriation ; malgré cela le village européen ne doit sa prospérité relative qu'au grand marché arabe du vendredi.

Sous les eucalyptus au feuillage rougi par l'hiver, sur une côte pulvérulente, une foule compacte se meut : burnous grisâtres, burnous bruns, voiles blancs. Dans les cris des hommes et des bêtes, les Bédouins vont et viennent. Les uns arrivent ; les autres s'installent. Et une grande clameur s'élève, cri rapace de cette humanité dont la pensée unique est le gain. Vendre le plus cher possible, tromper au besoin, acheter à vil prix : tel est le but de cette foule disparate, mélange confus d'Européens, d'Arabes, de Kabyles et de Juifs, tous semblables par leur soif de lucre.

... Mohammed et Mahdjoub étaient descendus au marché dès l'aube. Le long de la route, ils avaient marché ensemble, accompagnés de leur jeune frère Benalia, qui poussait devant lui trois chèvres que Mahdjoub voulait vendre. Mohammed était monté sur sa petite jument, avec Mahdjoub en croupe, tandis que Benalia marchait à pied. Il chantait :

« Le berger était sur la montagne. Il était petit; il était orphelin. Il jouait de la flûte. Il gardait les moutons et les chèvres de Belkassem. La panthère est venue, à la tombée de la nuit, à l'orée des bois : elle a dévoré le petit berger et le troupeau... Les enfants de Belkassem ont pleuré le beau troupeau, les belles chèvres... Personne n'a pleuré le petit berger, parce qu'il n'avait pas de père... »

Benalia improvisait, et sa voix jeune et forte s'en allait aux échos de la forêt, dans la montagne pleine d'épouvantement. Poète inconscient, il disait la vérité de sa race et chantait les réalités de la vie des douars... Mais, voleur et mauvais sujet, il n'obtenait pas d'attention et n'avait pas l'estime des hommes de sa tribu.

... Arrivés au marché, les trois frères se séparèrent, selon l'usage arabe. Mohammed n'avait qu'une petite jarre de beurre à vendre, et se mit aussitôt en quête du Kabyle prêteur d'argent, Kaci ou Saïd.

En blouse bleue et turban jaune, grand et maigre, le zouaoui déballait un grand paquet de mouchoirs et de cotonnades claires. En voyant Mohammed Aïchouba, il sourit.

— Te voilà encore ? Ça ne va donc pas ? Qu'y a-t-il ?

— Louange à Dieu dans tous les cas ! Il n'y a que le bien.

— Tu as besoin d'argent ?

— Oui, viens à l'écart ; nous parlerons.

— Tu me dois déjà deux cents francs. Tu en dois à d'autres, et même à M. Faguet.

— Je paye les intérêts. Je ne travaille plus que pour vous et les impôts.

— Je ne te prêterai plus au même intérêt. C'est trop peu, puisqu'il faut tant attendre.

— Tu n'es pas un musulman ! Dieu t'a défendu de prêter même à un centime d'intérêt.

— Nous partageons le péché : nous prêtons, mais vous autres Arabes, vous empruntez. Sans votre rapacité, à qui prêterions-nous ?

— Ce sont les Juifs qui vous ont appris ce métier-là.

— Assez. Veux-tu de l'argent, ou non ? Et combien te faut-il ?

— Au cours du blé dur et de l'orge, il me faut seize francs.

— Seize francs... Tu me feras un billet de trente-deux francs.

— Voilà un trafic de Juif ! Avec quoi payerai-je un intérêt pareil ?

— Arrange-toi.

Le marchandage fut long et âpre. Mohammed

se défendait, dans l'espoir de gagner quelques sous. Kaci ou Saïd voyait qu'il tenait sa proie et goguenardait, tranquille. Enfin, sans que l'usurier eût cédé un centime, le marché fut conclu. Le lendemain matin, on irait chez l'interprète, on signerait le billet, et, pour se mettre d'accord avec la loi, on y porterait la mention bénigne « Valeur reçue en grain », écartant l'idée d'usure. Mohammed Aïchouba aurait seize francs pour compléter ses semences et, après la moisson, il rendrait le double.

Il passa la nuit, roulé dans son burnous, près du café maure. Une inquiétude lui venait bien : avec la faible récolte qu'il y aurait sûrement, puisque l'année commençait par un froid excessif et trop de pluie, comment payerait-il toutes les échéances tombant, inexorables, après la moisson, en août ? Mais il se consola en disant : « Dieu y pourvoira ». Et il s'endormit.

... Pendant l'absence des hommes, une vieille femme ridée, au nez crochu, aux petits yeux sans cils, vifs et perçants comme des vrilles, était venue au gourbi des Aïchouba. C'était la mère d'Aouda, femme de Mohammed.

Elle avait pris sa fille à part, dans un coin, et lui parlant à voix basse, avec véhémence, elle faisait sonner ses bracelets d'argent sur ses poignets décharnés, à chaque geste brusque.

— Tu es une ânesse. Pourquoi restes-tu chez

ton mari ? Tu sais bien que les autres femmes de ton âge sont bien habillées, choyées par leurs maris. Tu vois bien comment il traite cette chienne de Lalia qu'il te préfère. Pourquoi restes-tu ? Réfugie-toi chez ton père. Si ton mari veut te reprendre de force, va chez l'administrateur. Après cela, Aïchouba te répudiera, car il tient aux usages, et quand tu auras découvert ton visage devant les Roumis, il ne voudra plus de toi... Alors nous te trouverons un autre mari bien meilleur.

— J'ai peur.

— Bête, va ! N'es-tu pas mon foie ? Te ferai-je du mal ? Et de quoi as-tu peur ? N'as-tu pas ton père, et tes frères ne sont-ils pas deux lions ?

Aouda, la joue appuyée dans le creux de sa main, réfléchissait. Elle n'avait aucune affection pour son mari et elle le craignait. Si elle était jalouse de Lalia, ce n'était nullement le sentiment de la femme blessée dans son amour et sa dignité. Seulement Mohammed prodiguait à Lalia les cadeaux et les parures, et Aouda était envieuse.

Aouda se décida.

— Lundi, ils seront au marché de Montenotte. Dis à mon père et à mes frères de venir me chercher avec la mule grise.

— D'abord fais une scène à ton mari. Dis-lui de te donner les mêmes objets qu'à Lalia et de te laisser venir passer quelques jours chez nous. Il refusera, et toi, insiste. Il te battra, et, dès mardi, nous irons nous plaindre à l'administrateur, s'il ne te répudie pas.

Une femme entra, éplorée. C'était Aïcha, une voisine. Elle s'accroupit dans un coin et se mit à se lamenter. Jeune encore, elle eût eu un visage agréable sans les tatouages qui couvraient son front, ses joues et son menton.

— Qu'as-tu, ma fille ? demanda la vieille. Tes enfants sont-ils malades ?

— Oh ! mère, mère ! L'autre jour, comme mon mari labourait chez le caïd, des Zouaoua ont passé. Ils m'ont montré de beaux mouchoirs en soie rose, à quatre francs. J'en ai acheté deux, parce que le Kabyle me promettait d'attendre jusqu'à la fin du mois. Ma mère m'aurait donné l'argent. A présent le Kabyle prétend que je lui dois douze francs, et il m'assigne en justice. Mon mari m'a battue et il veut me répudier. Je ne sais pas s'il aura assez pour payer... Dieu, aie pitié !

— Moi, dit Aouda, je n'achète jamais à crédit. J'ai gardé de la laine pour plus de trois francs, et quand je fais le beurre, j'en cache un peu que je fais vendre par des enfants. Le grain aussi, j'en vends en cachette... comme ça j'ai de l'argent pour m'acheter ce que je veux.

Mais la sœur de Mohammed, Fathma, se rapprochait, et les femmes s'apitoyèrent sur le sort d'Aïcha, la voisine.

— Brûle un peu de corne de bélier de la grande

fête et mets la cendre dans le manger de ton mari ; il ne pourra plus te répudier. Garde-toi d'en goûter, ça empêche les femmes de devenir enceintes.

La vieille connaissait les sortilèges.

Aïcha joignit les mains, puis elle embrassa le pan crasseux de la mlahfa de la rusée :

— Mère, je t'en supplie, viens chez moi. Mon mari est parti ; prépare-moi la corne toi-même. J'en ai justement deux.

— Après avoir fait cela, il faut que je parfume mon gourbi au benjoin pendant quatre jours et que je brûle deux bougies de cire vierge pour Sidi-Merouan. Donne-moi six sous; j'irai.

Des plis de la coiffure d'Aïcha, les six sous passèrent dans un coin de la mlahfa de la vieille, qui se leva alors et prit son haïk et son bâton.

— Lundi, à midi. N'oublie pas la laine, surtout... souffla-t-elle à l'oreille de sa fille.

Mohammed, harassé, trempé par la pluie, rentra le lendemain, à la nuit, avec l'argent du Kabyle touché dans l'antichambre de l'interprète, le billet signé.

Il trouva son petit Mammar brûlant de fièvre, sur les genoux de Lalia qui le berçait.

Aouda, vaquant aux soins du ménage, maugréait :

— Toujours c'est moi qui travaille ! L'autre, jamais. On lui a apporté des cadeaux, je parie. Moi, jamais rien !

Mohammed, douloureusement frappé par la maladie subite du petit, se retourna vers Aouda.

— Qu'as-tu à grogner comme une chienne ?

— Je demande à Dieu d'avoir pitié de moi...

Et elle égrena le chapelet de ses récriminations, mais avec une insolence inaccoutumée.

— Tais-toi, disait Lalia conciliante. Tu ne vois pas... le petit est malade, l'homme est fatigué.

— Toi, fille de serpent, tu n'as rien à me dire. Tu es fière, parce que tu es bien habillée, vipère !

Mahdjoub haussait les épaules, impatienté.

— Si tu étais à moi, dit-il, je te mettrais à la porte à coups de pied. Celui-là est trop patient.

Au fond, Mohammed avait bien envie de répudier Aouda, mais il regrettait l'argent de sa rançon, et il se contenta, comme toujours, de la faire taire en la battant.

Le lendemain, l'état de l'enfant empira. Mohammed, désolé, le veillait, morne. Les remèdes des vieilles ne soulagèrent pas le petit et, dans la nuit, il mourut. Quand les menottes convulsées retombèrent inertes, Mohammed crispa ses mains calleuses sur le petit cadavre et resta là, pleurant à gros sanglots, avec des gémissements, comme un enfant.

Autour du tas de chiffons qui avait servi de lit au petit Mammar, les femmes, accroupies, poussaient de longs hurlements lugubres, en se griffant le visage. Aouda, par nécessité et par habitude, imitait les autres, mais, dans ses yeux noirs, une joie mauvaise brillait.

Et Mohammed pleurait là sa dernière misère, la mort de son fils unique, ce petit Mammar si joli, si plein de vie, qui le suivait partout, qui le caressait, qui était sa seule joie.

Peu à peu le fellah cessa de pleurer et resta là, accroupi, immobile, à regarder le cadavre de son enfant... Puis il souleva les petites mains crispées qui semblaient s'abandonner encore, la petite tête aux yeux clos... Et, avec un long cri de bête blessée, il retomba sur les chiffons et pleura, pleura jusqu'au jour, quand les femmes lui prirent le petit pour le laver et le rouler dans le linceul blanc, étroit comme une serviette.

Mammar fut enterré sur la colline, dans la terre pierreuse. Mohammed, sombre et muet, ramassa des pierres et des branches et bâtit une cahute au pied du figuier où il jouait, tous les jours, avec son fils. Il porta là quelques loques, sur une vieille natte, et s'étendit. Mais une autre semaine commença. L'argent manquait ; il fallait vendre encore du beurre et du miel, et acheter avec l'argent du Kabyle le grain. Puis il faudrait ensemencer. Mahdjoub appela son frère aîné.

— Frère, pour qui travaillerai-je à présent que mon fils est mort ? dit Mohammed en se levant tristement, sans force et sans courage, pour la besogne obligée.

— C'est la volonté de Dieu. Il te donnera sans doute un autre fils...

Pendant l'absence de Mohammed, le père et les frères d'Aouda vinrent la chercher et elle partit, les yeux secs, emportant ses hardes, sans un adieu pour toutes ces femmes qui essayaient de la retenir.

Quand elle fut partie, les autres dirent, soulagées pourtant : « Que la mer la noie ! Elle est trop méchante ! »

Mohammed dut aller se plaindre au caïd, réclamant sa femme. Mais le vieux chef lui conseilla de la répudier, lui prédisant de nombreux ennuis s'il la réintégrait au domicile conjugal. Et Mohammed répudia Aouda, instaurant un peu de paix au gourbi en deuil du petit Mammar.

Puis Mohammed ensemença son champ. Il marchait, le long des sillons, en jetant la semence, et il lui était douloureux de regarder cette terre rouge si dure à travailler, et qu'il avait arrosée de tant de sueur... Voilà que, maintenant, elle lui avait pris son fils unique, son petit Mammar, qui, naguère encore, courait comme un joyeux agneau dans ces mêmes sillons.

Tout à coup Mohammed s'arrêta : sur l'argile rouge, une trace, presque effacée, persistait : la trace d'un petit pied nu.

Le fellah s'accroupit là, laissant son travail, et il eut une nouvelle explosion de douleur, — la dernière, car, ensuite, il se résigna à la destinée. Il prit soigneusement l'argile portant l'empreinte du petit pied, la pétrit dans ses doigts, la noua dans un coin de son voile. Le soir, il mit la motte de terre dans un coin de son gourbi, comme un talisman. Puis il courba la tête sous le jong du mektoub inéluctable, et il travailla pour le pain bis de sa famille.

... Le vent et la grêle achevèrent de rendre la moisson presque nulle, et le grand cri, la plainte des fellah qui, au printemps, avait retenti dans les vallées et sur les collines roula d'un horizon à l'autre, de la plaine du Chélif à la mer, comme une clameur d'épouvante devant la famine prochaine.

Les créanciers furent impitoyables. Le champ fut vendu et le produit partagé entre M. Faguet, les Kabyles et le beylik pour les impôts.

Sans labour, sans blé, les Aïchouba en furent réduits à leur petit jardin de melons et de pastèques. Mohammed, sans terre, se trouva tout à coup désœuvré, inutile comme un enfant ou un vieillard impotent. Sombre, il erra le long des routes. Mahjboud, pour faire vivre la famille, dut vendre peu à peu ses bêtes. Silencieux, lui aussi, courbé sous le joug de la destinée, il devint le chef de la famille, car Mohammed désertait de plus en plus le gourbi pour errer.

Un jour, Benalia vit son frère qui marchait, la

tête courbée, dans le champ qui leur avait appartenu. Il cherchait quelque chose.

Timidement, pris de peur, Benalia s'en alla prévenir Mahdjoub, qui s'en vint au champ.

— Si Mohammed, que fais-tu là ? La terre n'est plus à nous, telle est la volonté de Dieu. Viens, il ne faut pas qu'on te voie là.

— Laisse-moi.

Mais que cherches-tu là ?

— Je cherche la trace des pas de mon fils.

Et Mahdjoub connut que son frère était devenu derrouich.

Peu de jours après, comme Mohammed était assis, silencieux comme toujours désormais, devant sa cahute, et que Mahdjoub menait les bêtes à l'abreuvoir, Benalia, assis devant le gourbi, jouait de la flûte. Tout à coup, Mahdjoub revint en courant.

— Si Mohammed ! les gendarmes viennent vers le gourbi !

Par habitude, il demandait aide et protection à l'aîné, mais Mohammed répondit :

— Que nous prendraient-ils encore, puisque mon fils est mort et que le champ est vendu ?

Devant le gourbi, guidés par le garde champêtre à burnous bleu, les gendarmes mirent pied à terre. Ils entrèrent tous deux. L'un portait des papiers à la main.

— Où est Aïchouba Benalia ben Ahmed ?

Benalia avait pâli.

— C'est moi..., murmura-t-il.

Le gendarme s'approcha et lui passa les menottes. Alors, comme Mohammed, les yeux grands ouverts, se taisait, Mahdjoub s'avança tremblant.

— Si Ali, dit-il au garde champêtre, pourquoi arrête-t-on mon frère ?

— Il était absent, cette nuit ?

— Oui...

— Eh bien, il est allé à Timezratine, et il a volé un fusil chez M. Gonzalès, le colon. Comme le colon l'a surpris, ton frère lui a tiré dessus. M. Gonzalès est blessé, et on l'a porté à l'hôpital. Il a reconnu ton frère.

Et on emmena Benalia, tandis que les femmes se lamentaient comme sur le cadavre d'un mort.

Mohammed ne proféra pas une parole.

Mahdjoub, après un instant, ramassa le bidon et reprit la longe des chevaux, qu'il mena à l'abreuvoir.

De caractère morose et dur, âpre au gain, sans jamais un mot affectueux pour les siens, Mahdjoub avait au fond l'amour du foyer et de la famille, un amour jaloux de ceux de son sang, et le malheur de son frère l'accablait. Il n'éprouvait pas de honte, le brigandage étant considéré comme un acte de courage, illicite, certes, mais point honteux. Il souffrait seulement de la souffrance de son frère, car ils étaient sortis du même ventre et avaient tété la même mamelle.

Pourquoi Benalia avait-il si mal tourné, quand tous les Aïchouba étaient des laboureurs paisibles ? Et comment en était-il arrivé à une audace semblable ?

Et la ruine de la famille apparaissait à Mahdjoub consommée maintenant.

Et quelle année ! L'enfant mort, le champ vendu, l'aîné devenu fou, le cadet enchaîné et certainement condamné ! La colère de Dieu s'appesantissait sur leur race, et il n'y avait qu'à s'incliner : « Louange à Dieu, dans tous les cas ! »

Mohammed semblait devenu muet. Il prenait la nourriture qu'on lui présentait sans rien dire.

Lalia, dans les coins obscurs, pleurait son malheur. Ses belles-sœurs lui reprochaient d'avoir apporté avec elle le malheur et les calamités. Mais elle attendait patiemment, ne voulant pas s'en aller. Dans son cœur d'enfant, une sorte d'attachement était né pour Mohammed, qui avait été bon pour elle et qui souffrait.

Après plusieurs mois de silence, quand Mahdjoub rapporta la nouvelle de la condamnation de Benalia à cinq ans de reclusion, Mohammed ne dit rien ; mais, le lendemain, quand Lalia lui porta son écuelle, elle ne le trouva plus dans sa cahute : dès l'aube, Mohammed était parti, avec

—

son bâton d'olivier, droit devant lui, vers l'Ouest, mendiant son pain dans le sentier de Dieu.

Ce jour-là, Lalia, devenue veuve, rassembla ses hardes. Dans le coffre de bois vert, avec les gandoura et les melhfa, il y avait deux robes et une paire de souliers qui avaient appartenu au petit Mammar. Lalia les regarda et puis, avec des larmes dans les yeux, elle les serra sous son linge, en murmurant : « Petit agneau, depuis ta mort, le malheur est entré dans cette maison... » Et elle partit chez ses parents.

... De jour en jour la misère augmentait, car il est difficile à l'homme faible de remonter la pente du malheur, et un jour, dégoûté, Mahdjoub vendit ses dernières bêtes et le jardin.

Puis il répudia sa femme restée sans enfants, et il partit pour la ville, où il s'engagea comme garçon d'écurie chez un marchand de vin en gros.

... Un jour, assis devant la porte de son écurie, Mahdjoub travaillait, avec son couteau, le manche de sa canne. L'hiver touchait à sa fin, et une année s'était écoulée depuis la dispersion des Aïchouba. Mahdjoub avait beaucoup changé. Il savait maintenant un peu parler le français. Il s'habillait proprement en citadin, risquant même le costume européen avec une simple chéchia, et il buvait de l'absinthe tout comme un autre dans les cafés d'Orléansville.

... Un mendiant passait, les cheveux longs

et gris, sous un vieux voile en lambeaux, le corps couvert de loques, un haut bâton à la main.

— Au nom de Dieu et de son Prophète, faites l'aumône !

Mahdjoub tressaillit, se leva, laissant son travail.

— Si Mohammed ! Si Mohammed ! Je suis ton frère... Mahdjoub... Où vas-tu ?

Mais le vieillard passait. Aucune lueur d'intelligence ne brilla dans ses yeux ternes. Alors Mahdjoub lui mit tout ce qu'il avait de monnaie dans la main, le baisa au front et rentra dans l'écurie. Là, appuyé contre un pilier, il se mit à pleurer.

Et le vieillard passa, s'en allant plus loin, dans la nuit de son intelligence éteinte, demander au nom d'Allah, le Clément et le Miséricordieux, le pain que la terre rouge et caillouteuse de son pays lui avait refusé.

Ténès, 1902.

RETOUR AU SUD

Sur la route de Bou-Saâda

Fuyant la banalité d'Alger, son bruit et sa foule, j'ai voulu revoir le Sud, le pays du silence bienfaisant, revivre, ne fût-ce qu'un instant, la vie libre de là-bas, que je regrette depuis si longtemps, dans l'atmosphère hostile des grandes villes embourbées de « civilisation ».

Et très vite, presque furtivement, je suis allée jusqu'à Bou-Saâda, assoupie sur les bords de son oued tranquille, enchâssée dans la verdure de ses jardins.

Ce fut une courte, une rapide succession de visions, comme des voiles brusquement soulevés et aussitôt retombant sur des coins de pays très dissemblables.

D'abord, sous un ciel noir embrumé par le siroco, la silhouette de Bordj-bou-Arreridj, avec sa vieille citadelle rougeâtre, petite ville, perdue dans l'immensité de la plaine dénudée déjà par les moissonneurs (1).

Dans une boutique envahie de mouches, sur

(1) Notes de juillet 1902.

un banc brûlant, un court repos d'à peine une heure.

Le marchand est un Soufi de la tribu des Zegoum. Attristés tous deux — chacun à notre façon — nous parlons du pays qui resplendit là-bas, très loin, sous le prestigieux soleil.

Puis, tout de suite, il faut repartir dans une carriole branlante, couverte en planches, attelée de deux rossinantes faméliques et conduites par le nommé Bou-Guettar, cocher qui ressemble à un brigand.

La chaleur est accablante; un essaim de mouches nous poursuit; la voiture a des soubresauts épileptiques... cependant, cela vaut toujours mieux que la « voiture de poste ».

J'ai pour compagnon de route et pour guide Si Abou Bekr, homme d'une quarantaine d'années, maigre et d'aspect souffreteux, avec un visage bronzé et ascétique, au regard renfermé et triste, presque sombre. Cet homme, fondé de pouvoir de la maraboute vénérée de Bou-Saâda, et qui a la direction d'immenses richesses, porte des gandoura et des burnous très blancs, mais usés et d'une grande simplicité. Son genre de vie est celui d'un pauvre, mais il jouit d'une grande sérénité d'esprit.

Assis tous les deux à l'arrière de la voiture, les pieds ballants dans le vide, nous parlons très insouciamment des choses du Sud, touchant la foi et la jurisprudence de l'Islam.

Si Abou Bekr sait parfaitement qui je suis : il connaît mon histoire, et après avoir très attentivement examiné mon cas, il approuve mon genre de vie...

Cependant, je ne puis contenir ma joie à voir le ciel s'éclaircir et le paysage changer progressivement, à mesure que nous avançons vers le Sud... Le pays devient plus âpre et plus désert. Nous apercevons quelques rares hameaux en toub, perchés sur le flanc des collines arides. A mi-chemin, sur le bord de l'oued M'sila, il y a un relai, et le bordj carré, avec sa grande porte cochère, bâti au-dessus de la rivière qui coule murmurante, entre un dédale de lauriers-roses et de roseaux, donne à cette halte de Medjez un faux air de caravansérail saharien.

Mon teint me fait prendre pour un Kabyle, et un des habitants de Medjez s'obstine à me parler dans cette langue, m'affirmant qu'il m'a vue à Tizi-Ouzou, où je ne suis jamais allée... Je le laisse dire, en attendant le départ, et quelques petits incidents de ce genre me font rire dans ma gaieté retrouvée.

Nous repartons, et nous essayons de dormir, moi juchée sur une caisse, et Si Abou Bekr roulé en boule au fond de la voiture... Sommeil vague, troublé à chaque instant, rêves informes, mélangés de bribes de réalité.

Enfin, avant l'aube, nous arrivons à M'sila.

Nous suivons, à pied, une longue allée de mûriers, et nous arrivons à une grande place sillonnée de petits ruisseaux où chantent les crapauds. Au fond, il y a des bâtisses en toub et, devant un grand café maure, des citadins dorment sur des nattes, fuyant la chaleur de leurs maisons.

Nous aussi, après avoir échangé des salam avec des gens que je ne connais pas et qui, dans mon demi-sommeil, me semblent des fantômes, nous nous étendons sur une natte propre.

... J'entends encore, comme de très loin, la voix impérieuse d'un homme qui est pourtant tout près, sur le seuil du café, et qui réveille les dormeurs : — « La prière vaut mieux que le sommeil ! » Des formes blanches se remuent, s'étirent, se lèvent. Des bidons en fer-blanc sonnent contre les margelles des fontaines. Puis tout sombre dans le néant d'un sommeil accablé...

M'sila.

Midi. — Les murs en toub grisâtre coupent de leurs lignes droites, monotones, le ciel d'une pâleur incandescente.

Dans les ruelles pulvérulentes, près des murs lépreux, lézardés, sans âge, dans l'ombre courte et bleue, des hommes en burnous terreux dorment pêle-mêle avec les chèvres noires. Seules, les mouches pullulent sur les immondices desséchées, sur les visages en sueur, sur les loques fauves.

Tout dort et tout halète dans l'écrasante chaleur. Dans son lit de pierres blanches, l'oued coule avec un tout petit murmure clair et, au loin, les jardins de Boudjemline, d'un vert ardent, s'étalent voluptueusement.

Sur le pont en fer, le hideux pont gris, un vieux mendiant aveugle, accroupi, secoue lentement son bendir sonore et, dans l'immense sommeil alentour, ces coups sourds ponctuent la lamentation du vieux, pour qui il n'est plus d'heures : « Au nom de Sidi Abdelkader Djilani, maître de Bagdad et seigneur des hauts lieux, faites l'aumône, ô musulmans ! »

A l'infini, l'aveugle répète sa litanie que personne n'entend, à laquelle personne ne répond..

Dans un renfoncement de murailles frustes, sur une natte, deux hommes étendus semblent conférer mystérieusement...

Sans doute quelque grave question, la politique compliquée du Sud, ou même, il se pourrait, un complot... Mais non. Tout simplement l'un d'eux, mince taleb à barbe noire, encapuchonné de blanc, explique à son compagnon l'origine du rêve.

« L'âme, dit-il, est ce qui anime le corps. Le créateur l'enlève parfois, soit momentanément, comme dans le sommeil, soit définitivement, comme dans la mort. L'âme est une substance lumineuse qui exhale des rayons dès qu'elle est délivrée des entraves de la chair. Alors, suivant que ces rayons tombent dans le monde visible, sur la terre, ou qu'ils se dirigent dans l'au-delà, le dormeur voit les villes, les pays, les arbres, les fleurs, les hommes, les prophètes et les armées qui peuplent la terre... Dans l'au-delà, il perçoit quelquefois des parcelles de l'inconnu d'après la mort... Puis les rayons s'éteignent et l'âme rentre dans son obscure prison charnelle... »

Et, dans l'accablement de M'Sila endormie, les deux sophistes continuent d'égrener tout doucement, avec leurs airs de mystère, leurs dogmes de jadis, au milieu de l'immuable décor de terre et de soleil...

Après le coucher du soleil. — Dans une salle caduque en vieille toub usée, enfumée, sous les solives noires du toit, cinq troncs d'arbres à peine équarris à la hache, portant encore les robustes nervures des maigres arbres du sud, se groupent en une famille étrange. Une pauvre lampe fumeuse éclaire trois hommes encapuchonnés qui tapent des « benadir » craquelés et se balancent en cadence, en psalmodiant lentement les litanies du grand saint de Bagdad, Sidi Abdelkader... Et la lueur rouge de la lampe promène doucement leurs ombres déformées sur les murs bruts où courent parfois de petits scorpions jaunes furtifs ou des tarentes grises.

Tout autour, sur des nattes, les corps drapés s'entassent, se contournent en des poses indolentes ; des profils d'aigle se tendent vers les chanteurs; de longs yeux d'ombre noire ou d'or roux se ferment à demi...

Deux délicieuses petites filles bronzées, vêtues d'éclatantes robes vertes, avec des agrafes d'argent et des foulards de soie rouge brodés d'or sur leurs cheveux noirs, écoutent, attentives, sérieuses, debout au milieu du café maure, Tebberr et Oum-Henni, Poudre-d'Or et Mère-de-la-Paix, les deux petites du cafetier.

... Dans une ruelle ombreuse, une porte s'ouvre sur une cour vaguement éclairée. Accroupies le long du mur, en robes claires, parées comme des idoles, ruisselantes de pièces d'or, elles gardent de longues immobilités de statues, l'œil vague dans la fumée des cigarettes... Parfois un burnous passe, se faufile, disparaît dans la cour, burnous blanc de M'sili, burnous bleu de deïra... Alors l'une des idoles se lève avec un grand cliquetis de bijoux, et suit le visiteur dans l'ombre chaude des cellules pauvres.

Et M'Sila s'endort ainsi, maraboutique et prostituée, assoupie et ardente, dans la lourde chaleur de la nuit. Les « benadir », les vieilles cantilènes religieuses et les sonnailles des bracelets des Ouled-Naïl la bercent doucement.

M'sila est charmante comme un ksar saharien. L'oued qui porte son nom la coupe en deux, coulant au fond d'un ravin large et profond, sur des galets. Un pont en fer relie les deux M'sila.

Nous sommes dans la nouvelle, de construction récente, où les rues sont larges, où il n'y a pas de coins d'ombre et de mystère, et où tout — même la commodité — est sacrifié au goût du Roumi pour les lignes droites.

Sur l'autre rive, c'est la vieille ville, entassée, chaotique, avec toutes ses maisons en toub noirâtre et ses rues sans nom, sans alignement et sans pavés, délicieuses d'imprévu et toutes semblables pourtant.

Toute la journée le siroco souffle ; le vent brûlant, dévorant, ne nous a plus quittés depuis la géhenne embrasée des Portes-de-Fer. Les lointains sont enflammés et déformés, et la poussière s'élève en tourbillons gris qui s'enfuient sur les routes. Les mouches bourdonnent furieusement et piquent, excitées par la chaleur.

Seule, la mosquée, située sur le bord de l'oued, et dont les fenêtres s'ouvrent sur l'eau, garde encore un peu de fraîcheur, et c'est là que nous nous réfugions pour toute la journée.

.... Vers le soir, le vent change brusquement de direction et, pendant que Si Abou Bekr s'en va querir des montures et faire quelques visites, je vais m'asseoir seule sur la berge élevée de l'oued.

Le ciel est presque tout à fait pur maintenant, et l'air s'est rafraîchi. Le soleil se couche dans une brume légère, vaguement jaunâtre encore, au-dessus de la grande plaine nue qui est l'entrée occidentale du Hodna.

En face de moi, se profilant en brun chaud sur le lilas translucide de l'horizon, se dresse la vieille M'sila, environnée de jardins très verts et très épais, tandis que derrière moi les maisons de la nouvelle ville se détachent, presque en or, sur les teintes rose doré du couchant.

Des femmes descendent dans le lit de l'oued, drapées d'étoffes bleues ou rouges, portant des peaux de bouc ou de lourdes amphores en terre poreuse... Marchant pieds nus dans le gravier et le sable, elles ont des glissements d'apparitions et ajoutent une note spéciale à ce paysage d'un charme paisible, doucement mélancolique.

Là encore, à la griserie très réelle du lieu et de l'heure, vient s'ajouter, pour moi, celle du souvenir, des évocations d'ailleurs, de ces régions dont celles que je traverse maintenant semblent n'être que le pâle reflet. Les M'sillia n'ont point la grâce étrange et l'attrait mystérieux des jeunes filles qui s'en vont à la brune chercher l'eau fraîche des puits, dans les jardins enchantés du Souf...

Ah ! si les crépuscules d'été en Afrique duraient indéfiniment, et si la despotique sottise des hommes épris de banalité ne venait pas troubler les rêves du poète !

Mais les chevaux sont là, devant la mosquée, et il faut partir. On me donne une belle jument blanche, sellée de filali rouge, et nous descendons dans le lit de l'oued. Il y a là des petits garçons nus et bronzés qui baignent des étalons, et leurs bêtes ardentes dilatent leurs naseaux et se cabrent, saluant d'un hennissement sonore ma jument qui frémit.

En face, dans le vert velouté des jardins où se dressent quelques têtes échevelées de dattiers, des koubba sont tapies, petites et de formes étranges, bâties en toub.

L'une d'elles ressemble à une pagode chinoise, avec ses toits superposés et sa pointe bizarre, et j'aime à y voir les vestiges d'un art autochtone, antérieur à l'Islam, très sauvage et très étrangement troublant.

Un taleb, monté sur une mule sage qui porte nos bagages, nous accompagne. Nous sortons de l'oued et nous jetons un dernier regard à M'sila avant d'entrer dans la grande plaine.

Le Hodna

Elle ressemble au désert, cette plaine du Hodna qui, dans la pénombre du soir, semble infinie... Les montagnes lointaines, d'un bleu irisé, s'estompent et se fondent dans la pâleur du ciel, et l'espace libre paraît n'avoir plus de bornes.

Les chevaux flairent cette immensité calme et libre... Ils voudraient s'y lancer, pour s'enivrer en une course vertigineuse.

La plaine est semée de petits buissons bas, d'un gris pâle, de la couleur pulvérulente du sol. Quelques petits ravins desséchés ; pas une ondulation, pas une colline. C'est grand, monotone et berceur...

Doucement nous avançons au pas, et la nuit achève de tomber. Une tiédeur semblable à une caresse passe dans l'air irrespiré, vierge de toute souillure.

Je retrouve là cette impression de silence absolu que j'aimais tant, de paix immense que rien ne vient troubler, jamais.

... Il fait tout à fait nuit quand nous voyons se dresser devant nous une muraille noire : c'est le bordj de Si-el-Raâb, appartenant aux habous de la zaouïya des Rahmania de Bou-Saâda, et ce sont des jardins touffus qui forment une masse confuse et noire, géante.

Après un souper sommaire, nous nous étendons sur une couverture, dans la cour, car il fait chaud, et les scorpions hantent les demeures en toub. Le jardin et le bordj, avec les chevaux et les mulets qui pâturent dans la campagne, sont confiés aux soins de quelques tolba (lettrés) qui vivent là en reclus, seuls dans la plaine, et qui emploient leurs loisirs à lire de vieux livres et à prier, comme des moines.

... C'est la seconde nuit que nous passons sans sommeil, et nos yeux se ferment... Mais le fléau des douars, les puces, s'abat sur nous... Les tolba, habitués, dorment profondément. La fatigue finit par accabler mon compagnon, et il s'endort. Alors, restée seule, je me lève et vais m'étendre au dehors, sur la terre sèche et chaude.

J'attends là le lever de la lune — l'heure du départ — en rêvant dans les ténèbres, sous l'écroulement vertigineux des étoiles... J'écoute mon cœur renaître à la vie, et je ressens avec bonheur la vitalité de ma jeunesse, qu'à force de souffrir j'oublie souvent...

Enfin, quand le disque déformé et livide de la lune à son dernier quartier s'élève au-dessus de la plaine qui m'apparaît semée de masures en ruines et plantée de petits jardins épais comme des bosquets, je rentre pour réveiller Si Abou Bekr et les tolba qui dorment profondément, dans la fraîcheur matinale.

Nous repartons. Sur nos montures, nous sommeillons comme engourdis. De temps en temps, dans le silence profond, l'un des chevaux s'ébroue ou fait un faux pas. Alors les tolba essayent d'entonner une de ces lentes chansons du Sud qui aident à franchir les grands espaces monotones :

« A-ya-â-â-ya-â-â ! ... J'ai appelé et on ne m'a pas répondu... A-ya-â-ya-â-ya-â-â ! .... J'ai supplié, et on ne m'a pas fait l'aumône... »

Puis, la voix de rêve se tait de nouveau, et nous continuons notre marche d'apparitions en silence.

Mais nous entrons dans une région où les chevaux avancent à contre-cœur, effrayés : il y a là une infinité de buissons tout ronds, noirs en dessous et argentés au-dessus, qui ressemblent de loin à des hommes couchés ou à des fantômes. Alors nous sommes obligés de nous réveiller tout à fait, de peur de tomber.

... Le jour se lève. Une délicieuse fraîcheur nous vient des lointains bleuissants, et la longueur de la nuit fait place à ce renouveau de jeunesse et de gaieté qu'amène toujours cette première heure du jour, dans les régions vastes et désertes du Sud...

Nous passons devant une vingtaine de maisons en toub, endormies, où seuls les chiens féroces veillent, nous saluant de leurs aboiements rauques et gutturaux... C'est le village de Saïda : pas un arbre, pas un brin d'herbe.

Après, nous rentrons dans le maquis argenté d'où s'élève la plainte étrange, mélancolique, comme un appel sans écho, du « kérouan », l'oiseau du désert, vivant à terre et sortant de préférence la nuit pour chanter.

Il fait tout à fait jour quand nous arrivons à la baie occidentale du Hodna : une sebkha d'un jaune brun, s'étalant, unie, nivelée, sans une bosse, sans une herbe. Alors les tolba descendent de cheval pour prier le fedjr, la prière de l'aube.

Depuis près d'un an j'avais perdu l'habitude des duretés de la selle et des étriers arabes, et je me sens rompue, les jambes molles et douloureuses.

Si Ali, le taleb qui nous accompagnait, nous quitte pour retourner à M'sila. Si Abou Bekr monte sur la mule, et nous nous enfonçons dans la sebkha.

Le soleil se lève, rouge, enflammé déjà. Presque aussitôt la chaleur commence...

Baniou. — Un bordj militaire, d'un blanc grisâtre, sur la hauteur. Une allée de peupliers mène aux puits dont l'eau chaude est trouble et infecte. Alentour, quelques constructions en toub. En bas, c'est du sable, du vrai sable, un peu rougeâtre, il est vrai, mais fin et sec. Çà et là, des buissons de tamaris, dont les racines ensablées forment des buttes, comme celles de tous les arbres sahariens. C'est à l'ombre de l'un d'eux que nous nous reposons, pour boire avidement de la boue liquide et un affreux café plein de mouches.

Il fait de plus en plus chaud et nous repartons.

Deux heures se passent, et nous arrivons à Bir-Khali. Il y a là des maisons en toub, abandonnées pendant l'été, et un puits d'eau très pure et presque fraîche. Nous buvons avec rage... je ne sais quel autre terme employer.

Après, ce sont les heures lourdes du milieu du jour, dans la plaine nue et calcinée. Mais nous avons en face de nous les montagnes qui ferment l'horizon et, entre deux pics élevés, Bou-Saâda sur sa colline basse. On voit distinctement la kasbah qui domine la ville et le noir des jardins.

Et l'éternelle illusion du Sud recommence : la ville nous paraît proche et, cependant, nous avançons toujours, sans que la distance semble diminuer. Et cette vision de ville ensorcelée qui fuit à l'horizon devient, à la longue, angoissante. La chaleur est torride. Nos lèvres se dessèchent et se fendillent. Le siroco nous brûle.

Un chamelier que nous dépassons nous abreuve, puis, très vite, l'homme et sa grande bête lente se déforment et se fondent avec les ondulations à peines perceptibles, dans le vague de la plaine.

Bou-Saâda

Bou-Saâda, vision gracieuse qui m'est apparue, auréolée de soleil, dorée et sertie dans l'émeraude vivante de ses jardins !

L'oued Bou-Saâda, par un grand circuit, coule au pied de la ville, sur des galets blancs. A gauche, débordant par-dessus les murs en toub jaune, les jardins touffus comme une forêt vierge et couronnés par l'empanachement royal des dattiers. A droite, émergeant d'une ceinture de figuiers, de lauriers-roses et de grenadiers, les hautes maisons de terre, disposées en un désordre agréable et très saharien.

Marchant dans l'eau, vers laquelle se penchent nos bêtes altérées, nous suivons le lit de l'oued, jusqu'à une fontaine très fraîche, qui jaillit d'un rocher, au pied de la ville : « Aïn-Bessem » — la fontaine souriante. Là, nous buvons encore.

... Bou-Saâda, elle aussi, est divisée en deux villes, séparées par un ravin profond et réunies par un pont.

Dans l'une, il y a les bâtiments européens, le

bureau arabe, la justice de paix. Dans l'autre, le vieil amas de terre pétrie qui est la vraie Bou-Saâda.

La ville double est enserrée entre de hautes collines rougeâtres, dominées par les montagnes, les étranges montagnes de cette chaîne du Sud, stratifiées et surmontées de terrasses inclinées, dont quelques-unes surplombantes.

Le peuple de Bou-Saâda ressemble à ce peuple du Sahara, attaché profondément aux anciennes coutumes, aux usages d'autrefois... ce peuple qui, plus on s'éloigne des grandes villes cosmopolites et corrompues, semble remonter plus loin l'échelle des vieux siècles abolis.

Visages bronzés sous le turban blanc ou le voile attaché avec la cordelette en poil de chameau beige, visages mâles ou ascétiques, yeux fauves et caves, brillant d'une flamme sombre sous l'auvent de la guelmouna (capuchon du burnous), chapelets au cou, attitudes d'un autre âge, d'un autre monde presque.

Le costume féminin est plus difficile à porter : les mousselines drapées en tunique grecque, ceinturées très bas, la coiffure volumineuse, s'étendant en largeur, tout cela ne sied qu'aux femmes grandes et sveltes, très souples surtout. Et ce ne sont pas celles-là que l'on voit dans la rue, mais de pauvres vieilles momies usées, lamentables.

... Nous faisons préparer nos lits — des nattes et des tapis — sous les arcades d'une grande maison dépendant de la zaouïya, et située dans un coin retiré de la nouvelle ville, près de la justice de paix, dont elle est séparée par une fondrière profonde où il y a un très beau jardin, chaos de verdure puissante.

En face de nous, comme contraste, un jardin européen, plantation famélique de mimosas et de mûriers mal venus et grêles, le tout tristement enclos d'une ronce artificielle. — Comme ces jardins à alignements symétriques, sans imprévu et sans charme, semblent piteux à côté des splendides jardins arabes, plantés au hasard d'une fantaisie toute proche de la nature et riche comme elle !

Les disciplinaires moroses, les pauvres prisonniers loqueteux et leurs gardiens ne savent pas, comme le fellah ignorant et poète, marier la vigne claire au sombre feuillage des figuiers, jeter le rose clair des lauriers au milieu des palmiers puissants, et le rouge incarnadin des grenadiers dans l'ombre opaque des pommiers.

... Le temps passe, et, dès l'aube, nous repartons pour la zaouïya qui est là-bas, sur la route attirante de Djelfa et du désert.

Le chemin, après avoir longé l'oued Bou-Saâda, s'engage entre les montagnes bleuissantes, dans la lumière claire de l'aube.

L'été a desséché les prés et le maquis. Tout reprend les teintes neutres, mais infiniment variées, de la terre. Rouge brique, terre de Sienne, ocre jaune, ocre verdâtre, teintes cendrées sans noms, à peine perceptibles, les nuances du mauve, la gamme prodigieuse des gris, des roses pâles, des blancs livides. Cette neutralité des teintes, leur manque de précision, donnent un grand charme à des jeux de lumière introuvables partout ailleurs, et qui sont le miracle de ces régions ardentes.

A la zaouïya

Nous nous rapprochons de nouveau de l'oued, dont les deux rives sont plantées de jardins, toujours du même vert, presque invraisemblable tant il est frais et savoureux.

Sur une sorte d'aire très unie, quelques maisons en toub : c'est encore une retraite des tolba, dépendant, comme leurs jardins, de la zaouïya d'El-Hamel.

El-Hamel, nom poétique qui signifie « l'Égaré », et qui sied très bien à ce lieu sauvage et grandiose, perdu, en effet, dans une vallée resserrée d'un côté et ouverte de l'autre, vers l'oued, sur un horizon vaste et azuré.

Et la zaouïya nous apparaît sur la hauteur : deux grands corps de bâtiment, l'un très blanc, d'aspect européen, et l'autre en toub très claire, avec de rares ouvertures étroites.

Au-dessous, une agglomération de maisons en terre, puis le village de la tribu des Chorfa, pittoresque amas de maisons d'aspect caduc, comme toutes ces constructions en toub.

Plus bas encore, une mer de verdure que surmontent, comme un dais splendide, les dattiers.

Tout cela se profile très nettement, très délicatement sur les teintes indéfinissables de la colline, dans l'air pur de la montagne. Ce lieu a un aspect particulier, bien à lui et qui ne tient ni du Sahara, ni du paysage ordinaire des Hauts-Plateaux.

... Je m'endors tout de suite, sur un tapis, dans une petite chambre en toub, très pauvre et très simple, qui est la demeure de Si Abou Bekr, tandis qu'un va-et-vient joyeux nous souhaite la bienvenue.

Au réveil, je retrouve là ces conversations calmes, secrètes et polies qui font passer les heures longues des jours sans cesse semblables, partout où, intacte, la grande insouciance islamique n'a pas été touchée par la dissolvante agitation européenne.

Ici, dans ce lieu égaré où le cadre est grandiose et simple, les bruits de nos luttes acharnées et inutiles viennent mourir dans le grand silence immuable, et les affaires courantes, sensiblement toujours les mêmes, ne sont que des incidents.

Pour vivre avec ces hommes renfermés et susceptibles, il faut avoir pénétré leurs idées, les avoir faites siennes, les avoir purifiées en les faisant remonter à leur source antique... Alors la vie est facile et très doucement berceuse dans ce monde des burnous et des turbans, fermé à jamais à l'observation du touriste, quelque attentive et intelligente qu'elle soit.

Peu parler, écouter beaucoup, ne pas se livrer : telles sont les règles à suivre pour plaire dans les milieux arabes du Sud, et pour y être à son aise...

Après avoir traversé plusieurs vestibules et des cours vastes et sombres, nous entrons dans une grande cour intérieure, enclose de très hauts et très vieux murs en toub brunâtre. Au milieu, pousse un jeune figuier, qui, dans peu d'années, ombragera ce lieu où règne un grand silence. Dans cette cour nous vîmes une sorte de lit, une grande dalle polie, posée sur quatre supports de pierre : c'est là que se tenait le marabout défunt, Sidi Mohammed Belkassem.

Visite à Lèlla Zeyneb

Dans un coin, près de la porte des appartements intérieurs, sur une sorte de perron en pierre, une femme portant le costume de Bou-Saâda, blanc et très simple, est assise. Son visage bronzé par le soleil, car elle voyage beaucoup dans la région, est ridé. Elle approche de la cinquantaine. Dans les prunelles noires des yeux au regard très doux, la flamme de l'intelligence brûle, comme voilée par une grande tristesse. Tout, dans sa voix, dans ses manières et dans l'accueil qu'elle fait aux pèlerins dénote la plus grande simplicité. C'est Lèlla Zeyneb, la fille et l'héritière de Sidi Mohammed Belkassem.

Le marabout, sans descendance mâle, désigna pour lui succéder après sa mort son unique enfant, qu'il avait instruite en arabe comme le meilleur des tolba. Il préparait à sa fille un rôle bien différent de celui qui incombe généralement à la femme arabe, et c'est elle qui, aujourd'hui, dirige la zaouïya et les Khouans, affiliés de la confrérie.

Les zaouïya ne sont pas, comme l'affirment certains auteurs qui ne les connaissent que de nom, des « écoles de fanatisme ». Outre l'instruction musulmane, les zaouïya dispensent les bienfaits de leur charité à des milliers de pauvres, d'orphelins, de veuves et d'infirmes qui, sans elles, seraient sans asile et sans secours.

Plus que tout autre, la zaouïya de Lèlla Zeyneb est un refuge pour les déshérités qui y affluent de toutes parts.

Lèlla Zeyneb, atteinte d'une douloureuse affection de la gorge, lutte courageusement contre tous les ennemis que lui suscitent certaines jalousies, et continue son œuvre de dévouement et d'abnégation.

... Mon cas, mon genre de vie et mon histoire intéressent vivement la maraboute. Quand elle a tout entendu, elle m'approuve et m'assure de son amitié pour toujours. Cependant, tout à coup, elle s'attriste, et je vois des larmes dans ses yeux.

— Ma fille... j'ai donné toute ma vie pour faire le bien dans le sentier de Dieu... Et les hommes ne reconnaissent pas le bien que je leur fais. Beaucoup me haïssent et m'envient. Et pourtant j'ai renoncé à tout : je ne me suis jamais mariée, je n'ai pas de famille, pas de joie...

Je me sens devenir triste, devant cette douleur injuste, cachée peut-être depuis des années, et qui ne se fait jour qu'en présence d'une autre femme dont la destinée est aussi très éloignée de l'ordinaire.

Une toux rauque secoue de temps en temps la poitrine de Lèlla Zeyneb... Je la sens bien malade, hélas ! celle qui est là pour veiller sur la grande famille riche en infortunes qui se presse autour d'elle. Et que deviendra la zaouïya bienfaisante, le jour, prochain sans doute, où Lèlla Zeyneb mourra ?

Cette personnalité de femme, vivant dans le célibat et jouant un grand rôle religieux, est peut-être unique dans l'Occident musulman et mériterait, certes, d'être étudiée mieux que je n'ai pu le faire pendant un séjour trop rapide à la zaouïya...

... Je passe la nuit seule, dans une vaste pièce voûtée. Le vent de la montagne secoue avec violence les volets des fenêtres. Il pleure et gémit dans la vallée et parmi les tombes du cimetière tout proche.

... Une voix de rêve, mélancolique et d'une infinie douceur, me réveille au petit jour.

— Dieu est unique et secourable... Il n'a point été engendré et n'a pas engendré... Dieu n'a pas de semblable ! chante la voix, lentement, lentement.

Je me lève, songeant avec tristesse que c'est le dernier jour, et je m'approche de la fenêtre : en bas, un vieillard se promène, récitant sur un air de jadis les versets du Livre.

J'ai dit au revoir à Lèlla Zeyneb et j'ai quitté la zaouïya d'El-Hamel...

A Bou-Saâda, je monte dans une informe guimbarde, bondée de Juifs, et qui s'en va à Aumale, à travers cent trente kilomètres de cahots et d'ornières.

Ce sont d'abord des sables roux, des tamaris épars, un horizon vaste et vide, qui ressemble à celui du Sahara, dont je m'éloigne une fois de plus.

Les premières haltes ont encore des aspects connus et aimés : bordjs caducs, palmiers groupés dans les bas-fonds. Puis tout change. Nous remontons vers les Hauts-Plateaux, le paysage devient sévère et triste, d'une tristesse que je n'aime pas. C'est fini...

Ce rêve de sept jours s'est envolé, après tant d'autres, et j'en suis presque à me demander si c'est bien vrai, si toute cette féerie rapide n'est pas un songe, si cette Bou-Saâda et cette zaouïya, et cette maraboute en voiles blancs, si tout cela n'est pas issu de mon imagination nostalgique.

Combien je devais regretter Bou-Saâda, sa lumière incomparable, son grouillement si chaud et si pittoresque !

Peu de temps après je partais pour l'ennuyeuse Ténès, où je vécus de longs mois près des fellah du Tell. Là je pus étudier attentivement les rapports des indigènes et des colons... Le paysan arabe a la patience du moujik. Le colon est le plus souvent un brave homme qui ne comprend pas son voisin.

J'allais souvent à Alger et j'y écrivais. Un jour de pluie je rencontrai Abou Bekr sous les arcades.

— Ne viendrez-vous plus nous voir là-bas ?... les arbres commencent à fleurir... la maraboute parle souvent de vous...

Et deux jours après j'étais de nouveau en route pour Bou-Saâda, légère et joyeuse, malgré le froid de la saison, comme si j'allais cueillir des fleurs au jardin.

Pleurs d'amandiers

A Maxime Noiré, le peintre des horizons en feu et des amandiers en pleurs.

Bou-Saâda, la reine fauve, vêtue de ses jardins obscurs et gardée par ses collines violettes, dort, voluptueuse, au bord escarpé de l'oued où l'eau bruisse sur les cailloux blancs et roses. Penchés comme en une nonchalance sur les petits murs terreux, les amandiers pleurent leurs larmes blanches sous la caresse du vent, et leur parfum doux plane dans la tiédeur molle de l'air, évoquant une mélancolie charmante...

C'est le printemps : sous ces apparences de langueur, de fin attendrie des choses, la vie couve, violente, pleine d'amour et d'ardeur, la sève puissante monte des réservoirs mystérieux de la terre.

Le silence des cités du Sud règne sur Bou-Saâda et, dans la ville arabe, les passants sont rares. Dans l'oued pourtant circulent parfois des théories de femmes et de fillettes en costumes éclatants.

Melahfa violettes, vert émeraude, rose vif, jaune citron, grenat, bleu de ciel, orangé, rouges ou blanches, brodées de fleurs et d'étoiles multicolores; têtes coiffées du lourd édifice de la coiffure saharienne, faite de tresses, de mains d'or ou d'argent, de chaînettes, de petits miroirs et d'amulettes, ou couronnées de diadèmes ornés de plumes noires... tout cela passe, chatoie au soleil; les groupes se forment et se déforment en un arc-en-ciel sans cesse changeant, comme des essaims de papillons charmants. Et ce sont encore des troupes d'hommes vêtus et encapuchonnés de blanc, aux visages graves et bronzés, qui débouchent en silence des ruelles ocreuses...

Depuis des années, devant une masure en boue séchée au soleil ami, deux vieilles femmes sont assises du matin au soir. Elles se drapent dans des melahfa rouge sombre, dont la laine épaisse forme des plis lourds autour de leurs corps de momies. Coiffées selon l'usage du pays, avec des tresses de laine rouge et des tresses de cheveux gris teints au henna en orangé vif, elles portent à leurs oreilles fatiguées des anneaux lourds que soutiennent des chaînettes d'argent agrafées dans les mouchoirs de soie de la coiffure. Des colliers de pièces d'or et de pâte aromatique durcie, de fortes plaques d'argent ciselé couvrent leur poitrine affaissée ; à chacun de leurs mouvements rares et lents, tintent toutes ces parures et les bracelets à clous de leurs chevilles et de leurs poignets osseux.

Immobiles comme de vieilles idoles oubliées, elles regardent passer, à travers la fumée bleue de leurs cigarettes, les hommes qui n'ont plus un regard pour elles, les cavaliers, les cortèges de noces, les caravanes de chameaux ou de mulets, les vieillards caducs qui ont été leurs amants, jadis, tout ce mouvement de la vie qui ne les touche plus.

Leurs yeux ternes, démesurément agrandis par le kehol, leurs joues fardées quand même, malgré les rides, leurs lèvres rougies, tout cet apparat jette comme une ombre sinistre sur ces vieux visages émaciés et édentés.

... Quand elles étaient jeunes, Saâdia, à la fine figure aquiline et bronzée, et Habiba, blanche et frêle, charmaient les loisirs des Bou-Saâdi et des nomades.

Maintenant, riches, parées du produit de leur rapacité d'autrefois, elles contemplent en paix le décor chatoyant de la grande cité où le Tell se rencontre avec le Sahara, où les races d'Afrique viennent se mêler. Et elles sourient à la vie qui continue — immuable et sans elles — ou à leurs souvenirs... qui sait ?

Aux heures où la voix lente et plaintive des moueddhen appelle les croyants, les deux amies se lèvent et se prosternent sur une natte insouillée, avec un grand cliquetis de bijoux. Puis elles reprennent leur place et leur songerie, comme si elles attendaient quelqu'un qui ne vient pas.

Rarement elles échangent quelques paroles.

— Regarde, ô Saâda, là-bas, Si Châlal, le cadi... Te souvient-il du temps où il était mon amant ? Quel fringant cavalier c'était alors ! Comme il enlevait adroitement sa jument noire ! Et comme il était généreux, quoique simple adel encore. A présent, le voilà vieux... Il lui faut deux serviteurs pour le faire monter sur sa mule aussi sage que lui, et les femmes n'osent plus le regarder en face... lui dont je mangeais les yeux de baisers !

— Oui... Et Si Ali, le lieutenant, qui, simple spahi, était venu avec Si Châlal, et que j'ai tant aimé? Qu'il t'en souvienne ! Lui aussi était un cavalier hardi et un joli garçon... Comme j'ai pleuré, quand il partit pour Médéah ! Lui, il riait, il était heureux, on venait de le nommer brigadier... il m'oubliait déjà... Les hommes sont ainsi... Il est mort l'an dernier.... Dieu lui accorde sa miséricorde !

Parfois elles chantent des couplets d'amour qui sonnent étrangement dans leurs bouches à la voix chevrotante, presque éteinte. Et elles vivent ainsi, insouciantes, parmi les fantômes des jours passés, attendant que l'heure sonne.

... Le soleil rouge monte lentement derrière les montagnes drapées de brume légère. Une lueur pourpre passe à la face des choses, comme un voile de pudeur. Les rayons naissants accrochent des aigrettes de feu à la cime des dattiers, et les coupoles d'argile des marabouts semblent en or massif. Pendant un instant toute la vieille ville fauve flambe, comme calcinée par une flamme intérieure, tandis que les dessous des jardins, le lit de l'oued, les sentiers étroits, demeurent dans l'ombre, vagues, comme emplis d'une fumée bleue qui délaye les formes, adoucit les angles, ouvre des lointains de mystère entre les petits murs bas et les troncs ciselés des dattiers... Sur le bord de la rivière, la lueur du jour incarnadin teinte en rose les larmes éparses, figées en neige candide, des amandiers pensifs.

Devant la demeure des deux vieilles amies, le vent frais achève de disperser la cendre du foyer éteint, qu'elle emporte en un petit tourbillon. Mais Saâdia et Habiba ne sont pas à leur place accoutumée.

A l'intérieur, une plainte tantôt rauque, tantôt stridente, monte. Autour de la natte sur laquelle Habiba est couchée, tel un informe paquet d'étoffe rouge, sur l'immobilité raide duquel les bijoux scintillent étrangement, Saâdia et d'autres amoureuses anciennes se lamentent, en se déchirant le visage à grands coups d'ongles. Et le cliquetis des bijoux accompagne en cadence la plainte des pleureuses.

A l'aube, Habiba, trop vieille et trop usée, est morte sans agonie, bien doucement, parce que le ressort de la vie s'était peu à peu brisé en elle.

On lave le corps à grande eau, on l'entoure de linges blancs sur lesquels on verse des aromates, puis on le couche, le visage tourné à l'Orient. Vers midi, des hommes viennent qui emportent Habiba vers l'un des cimetières sans clôture où le sable du désert roule librement sa vague éternelle contre les petites pierres grises, innombrables.

C'est fini... Et Saâdia, seule désormais, a repris sa place. Avec la fumée bleue de son éternelle cigarette achève de s'exhaler le peu de vie qui reste encore en elle, tandis que, sur les rives de l'oued ensoleillé et dans l'ombre des jardins, les amandiers ne cessent de pleurer leurs larmes blanches, en un sourire de tristesse printanière...

Bou-Saâda le 3 février 1903.

CAHIERS

Paris, 25 février 1900.

Il y a là, devant moi, sur le mur, un plan de Bône que Khoudja m'a envoyé à Cagliari, et sur ce plan un point que j'ai noté, un point qui éveille en moi un souvenir poignant.

Cimetière indigène (1). Ces deux mots si simples piqués sur cette vulgaire carte routière m'ont déjà donné à plusieurs reprises ce frisson intérieur qui, pour moi, est l'une des conditions essentielles de l'hygiène morale. Et je vois, en ces instants bénis, se dresser devant moi le fantôme aimé de cette Anèba (Bône) qui me fit rêver pendant deux années, là-bas, sur la terre de l'exil...

Ainsi la grande âme que j'ai sentie plusieurs fois surgir en moi est bien en une mystérieuse incubation. Et si je veux, je puis faire qu'elle apparaisse un jour en une floraison superbe.

Louange à la souffrance du cœur ! louange à la mort, fécondatrice des âmes endeuillées ! louange au tombeau silencieux qui est non seulement la

(1) La mère d'Isabelle Eberhardt repose au cimetière musulman de Bône.

porte de l'éternité pour ceux qui s'en vont, mais encore celle du salut pour les âmes élues qui savent se pencher sur ses profondeurs mystérieuses ! louange à la tristesse et à la mélancolie, ces divines inspiratrices !

Loin de moi le désespoir lâche et la coupable indifférence ! loin de moi l'oubli !

Par quelle aberration les silhouettes consolatrices des deux collines funéraires d'Anèba et de Vernier (1) ont-elles pu, parfois, s'effacer de mon souvenir, devenir presque inexistantes ? Pourquoi ?

Non, loin de moi les tâtonnements de mon adolescence maladive ! Loin de moi cet esprit jouisseur et vulgaire qui n'est pas de moi, qui me vient du désordre et qui est ma perte.

L'horizon ainsi compris, si un jour se dissipent les nuages de Genève, sera resplendissant comme ceux de jadis, là-bas, aux premiers réveils de mon intelligence, quand j'admirais les couchants mélancoliques derrière la haute silhouette du Jura morose, et quand je cherchais à deviner le grand mystère de mon avenir.

Venez à moi, souvenirs, je ne vous chasserai pas. Venez, éveillez en moi la flamme sacrée qui

(1) Le tuteur d'Isabelle Eberhardt, Alexandre Trophimowsky, repose au cimetière de Vernier, près Genève.

doit un jour consumer toutes les impuretés de mon âme et la faire surgir forte et belle, prête pour l'éternité. Rêves incohérents et singuliers, rêves qu'on ne saurait traduire, vous êtes toute ma raison d'être en ce monde...

29 mars, 6 h. 1/2 soir.

Certes, mon âme traverse une période d'attente ; les sensations douloureuses de l'heure présente ne dureront pas ; la réalité sombre de ma vie parisienne actuelle aura un réveil !

Dans un mois peut-être je m'en irai là-bas, dans le grand désert vague, chercher des impressions nouvelles, chercher les matériaux qui serviront à l'œuvre que je voudrais édifier.

Mais toute mon éducation morale est à refaire. Je devrais m'inspirer des grandes idées évocatrices du passé, et de la foi islamique, qui est la paix de l'âme.

Certes, au bout de tout il y a le silence et il y a le tombeau. Mais tout ce que j'ambitionne servira à adoucir les péripéties de ce drame inexplicable qui a nom la vie, et qu'il faut bien jouer.

2 mai, 10 heures matin.

Depuis des jours et des semaines le soleil luit et le ciel est bleu. Paris s'est paré de couleurs radieuses. Tout brille et tout semble en fête. Et moi aussi je suis sortie des limbes où j'errais depuis mon retour de Cagliari. Mon âme est en progrès. Peu à peu, lentement encore, elle se détache de cette brume terrestre qui semblait devoir la noyer. Elle monte doucement mais sûrement vers les sphères de l'idéal qu'elle atteindra un jour.

Le même jour, minuit.

Je viens de rentrer ici, dans cette chambre où je vais dormir pour la dernière fois. C'est mon dernier soir de Paris. Ah ! ce Paris que j'ai commencé à aimer profondément, où j'ai tant souffert et tant espéré, Dieu seul sait si jamais je le reverrai, et si j'y reviens, quand cela sera et ce que j'y rapporterai, et ce que j'y retrouverai ! Toujours je sens peser sur moi le sceau du grand inconnu...

Marseille, 7 mai 1900.

Je suis arrivée ici et n'y ai point retrouvé l'atmosphère mauvaise et menaçante qui avait si douloureusement pesé sur mon âme, durant mon dernier séjour à Marseille, au retour de Cagliari.

... Ressenti à Mâcon, je crois, une sensation intense de jadis, des dernières années de la Villa Neuve, au printemps. Le train stationnait à l'entrée de la gare où régnait un grand silence. En face de moi, à droite de la voie, il y avait des bosquets de lilas à peine fleuris ; le rossignol égrenait son dernier chant de la nuit. Ce fut tout. Un éclair, un rêve fugitif, un rien, et cependant de telles sensations peuvent remuer un être jusqu'au fond du mystère latent qu'il porte en lui.

... Dans quelques jours, je serai à Bône ; j'y reverrai la tombe de celle qui, il y a trois longues années déjà, débarqua avec moi sur cette côte barbaresque. Toutes les choses d'Afrique me semblaient alors chimériques.

Puisse l'ombre que je pleure m'inspirer la force, la patience et l'énergie nécessaires pour venir à bout de la lourde tâche que la vie ancienne m'a léguée !

... En ces jours anniversaires d'avril 1898 et de mai 1899, mon souvenir attristé retourne aussi vers les deux tombeaux qui sont restés là-bas sur la terre d'exil, seuls vestiges durables des souffrances, des misères et des espérances de jadis, puisque la pauvre chère demeure (1) sera vendue dans peu de jours à des étrangers, à des indifférents profanateurs... Mon souvenir se reporte vers ces deux tombeaux que, sans doute, je ne reverrai jamais, et que les herbes folles ont dû envahir cette année avec le retour du printemps

(1) La *Villa Neuve*, à Meyrin, près Genève.

enivré de vie éternelle et d'indestructible fécondité...

... Sous quel ciel et dans quelle terre reposerai-je, au jour fixé par mon destin ? Mystère... Et cependant je voudrais que ma dépouille fût mise dans la terre rouge de ce cimetière de la blanche Anèba, où Elle dort... ou bien, alors, n'importe où, dans le sable brûlé du désert, loin des banalités profanatrices de l'Occident envahisseur...

Préoccupations puérilement tristes, et bien enfantines, bien naïves, en face du grand charme de la mort !

Eloued, septembre 1900.

Je me souviens de mon départ de Marseille, en juillet. C'était le soir. Les rayons du jour baissaient sous les branchages épais des grands platanes du boulevard silencieux...

Debout à la fenêtre, sous la cage du canari bruyant, dont la chanson s'éteignait doucement à l'approche du soir, je regardais sans voir.

Tout était fini, emballé, ficelé. Il n'y avait plus que mon lit de camp, dressé pour la dernière nuit, dans le salon.

Je n'y croyais en somme pas trop à ce départ pour le Sud-Algérien... Tant de circonstances imprévues étaient déjà venues le retarder !... Tant de fois je m'étais déjà demandé, avec anxiété, si ce projet qui m'était devenu cher n'était point destiné à rester un simple rêve, à jamais irréalisable !...

Naguère encore je me posais cette question avec angoisse... Et voilà, maintenant que tout était prêt, que rien ne pouvait plus me retenir, voilà qu'une grande tristesse envahissait mon cœur, y descendait peu à peu, lentement, comme descendait le tiède crépuscule d'été.

Je n'étais pourtant qu'une étrangère de passage dans cette ville, dans cette maison de mon frère où, depuis des mois, je ne faisais que de brusques et fugitives apparitions, emportée aussitôt au loin par les hasards de ma vie errante...

Mon sommeil fut troublé, cette nuit-là, par d'étranges visions, vagues et menaçantes...

Au réveil, plus rien, c'était passé, et je me levai avec cette sorte d'entrain nerveux qui, chez moi, est particulier aux jours de grands départs...

Chose étrange... les derniers mois de ma vie en Europe, plus tourmentés et plus sombres, semblaient déjà s'être reculés pour moi dans un lointain vague... Les silhouettes aimées de là-bas se rapprochaient...

... Je m'embarque à bord de l'*Eugène-Péreire*, songeant à un voyage que je fis déjà l'an dernier sur ce navire... mais en des circonstances bien différentes... A l'angoisse d'alors, — je me débattais en pleines ténèbres — a succédé une grande paix mélancolique, un assoupissement de toutes les sensations douloureuses...

Sur le quai, au milieu du bruit et de la cohue, une seule silhouette attire mes regards : sous ses corrects vêtements noirs, mon frère, définitivement voué à la vie calme et sédentaire, est, une fois de plus, venu m'accompagner. Je pars pour l'inconnu. Il reste.

Et, séparés déjà par les bastingages, nous nous regardons, songeant à l'étrangeté de nos destinées, et aussi, hélas ! à l'inanité de tous les vouloirs humains, de tous les beaux rêves azurés que nous fîmes jadis ensemble sur la terre d'exil où nous ouvrîmes tous deux nos regards à la réalité amère de l'être...

Au dernier coup de cloche répond le sourd rauquement, guttural à la fois et déchirant, de la sirène...

Le quai semble s'éloigner lentement. Puis un grand remous se fait dans l'eau glauque, et nous filons de plus en plus vite.

Bientôt, parmi l'encombrement du quai, la chère silhouette n'apparaît plus que comme un point noir, et s'efface bientôt, quand le navire a viré de bord, pour prendre, par la passe sud, la route d'Afrique. Une fois de plus je suis seule et je suis en route...

Accoudée au bastingage de la passerelle

d'arrière, je contemple le décor magique de Marseille.

Au premier plan, le port de la Joliette, où semblent sommeiller les silhouettes puissantes des transatlantiques rouges et noirs, les innombrables pontons et les barques, parmi les navires des autres compagnies.

Les hautes maisons moroses et noires des quais, symétriques comme les casernes et de morne aspect.

Puis la ville, en amphithéâtre, coupée, vers le milieu, par la déchirure du port vieux et de la Cannebière.

D'abord Marseille m'apparaît en une gamme délicate de grisailles aux nuances variées : grisailles du ciel vaguement enfumé, grisailles bleuâtres des montagnes lointaines, gris roses des toits et jaunes des maisons, gris des rochers d'Endoume, gris crayeux, flamboyant, de la colline ardue de Notre-Dame-de-la-Garde, puis, tout en bas, grisailles lilacées et argentées des forts. Sur tous ces tons gris, les plantes coriaces et desséchées des rochers jettent des taches d'un brun verdâtre. Seuls, les platanes des avenues et la coupole dorée de la cathédrale se détachent, en touches vivantes et nettes, sur cette transparence grise... et tout en haut, comme planant au-dessus des fumées et des nuages, resplendit la Vierge d'or...

Peu à peu, nous tournons vers la gauche, et Marseille prend une teinte uniformément dorée, inouïe... Marseille, la cité des départs, des adieux et des nostalgies, est incomparable aujourd'hui, noyée en un océan de lumière, auréolée d'or en fusion...

Une heure plus tard, nous doublons les derniers rochers crayeux, d'un blanc livide, que battent éternellement les flots venant de la haute mer... puis c'est fini, tout s'effondre à l'horizon, tout disparaît.

Mais je reste accoudée sur la passerelle, à rêver, en une mélancolie résignée, à l'insondable mystère des lendemains ignorés et des aboutissements inconnus des choses sans durée réelle, qui environnent et régissent nos destinées encore plus éphémères, plus furtives...

Puis, comme certaines âmes ne s'attachent au sol que par l'exil, et que la nostalgie est, pour elles, l'aube d'un amour vivace pour les lieux quittés, d'un amour d'autant plus profond que moindre est l'espoir du retour, je sens que je commence à aimer cette ville, ses ports surtout, et que sa silhouette telle qu'elle m'est apparue aujourd'hui surgira toujours parmi des visions chères qui hantent mes rêveries d'errante et de solitaire...

... La brise est tombée, et un grand silence s'est fait sur la mer, tandis qu'à l'horizon occidental, tout là-bas, dans l'imprécis marin, s'accomplit le naufrage chimérique du soleil aux soirs d'été, en des vapeurs d'un gris violacé...

La mer est devenue violette, d'une teinte assombrie et sévère... Après quelques instants d'une lueur diffuse, comme imprécise et hésitante, la nuit tombe, très vite, profonde et douce!

Je descends, pour l'inévitable corvée de la table d'hôte. Toute une tablée correcte, sur les divans et les fauteuils tournants du salon à peine balancé. Pas une tête sympathique, pas un regard d'énergie, d'intelligence vraie ou de passion... La grise banalité d'un milieu de fonctionnaires et de mondaines, occupés à un papotage vide de sens... Je me sens seule et étrangère parmi ces gens qui ignorent tout de moi, et dont j'ignore tout et qui, évidemment, sentent et pensent autrement que moi. D'ailleurs mon fez musulman me retranche encore plus de leur société... ils me regardent tous comme une bête curieuse...

Dès que je le puis, je remonte sur le pont et je vais sur l'avant. La brise, qui s'est levée et qui fraîchit, a chassé tous les autres passagers ; je peux m'étendre sur un banc...

Toujours, en ces heures fraîches et silencieuses des nuits d'été sur mer, j'éprouve une singulière impression de bien-être et de calme. Je reste étendue sur le pont vaguement oscillant, à contempler les deux fanaux du navire et, tout en haut, l'écroulement infini des étoiles. Je me sens seule, libre, détachée de tout au monde et je suis heureuse.

Je m'endors paisiblement.

Vers deux heures et demie du matin, le roulis devient plus sensible et me réveille. Je me soulève et, vers ma droite, dans l'obscurité, je vois poindre des lumières : ce sont les phares des Baléares, et voici le feu tournant de Majorque... Nous passons au large des îles et la mer est agitée.

J'éprouve, à contempler ces feux, indicateurs de terres qui me seront probablement toujours inconnues, une singulière impression de mystère vague... Puis, très doucement, je me rendors...

Eloued, février 1901.

Après les premiers jours de fièvre et d'angoisse vague, sans cause, succédant aux nuits affreuses, aux nuits torturantes, sans sommeil, je commence à renaître à la vie, très vite (1).

Faible encore, je puis me lever et sortir, m'as-

(1) On sait qu'Isabelle Eberhardt, dans ses incursions sahariennes, fut blessée d'un coup de sabre à la tête et au bras par un fanatique, qui déclara plus tard, devant le conseil de guerre : « J'ai frappé sous une impulsion divine. »
Transportée sur un brancard à l'hôpital militaire d'Eloued, elle y resta près d'un mois. Très affaiblie tout d'abord par « l'énorme perte de sang qu'elle avait subie », elle ne tarda cependant pas à se rétablir.

seoir pendant quelques heures sous le portique bas qui longe l'hôpital vers le midi. Et là, au soleil déjà chaud, j'éprouve une bonne sensation de renouveau.

Elle est grise et triste pourtant, cette vaste cour de la kasbah où, avec toutes les constructions militaires, se trouve l'hôpital.

Jamais dans ce paysage de pierre et de sable rien ne reverdira. Tout y est immuable, et seule la lumière plus ardente et plus dorée du soleil nous dit que le printemps revient.

Plus de siroco, plus de nuages gris et lourds. L'air est pur et léger, la brise est presque tiède, déjà.

Je me suis accoutumée à cette vie monotone, dans ce cadre invariable, et aux figures qui, toujours les mêmes, vont et viennent autour de moi.

A l'aube, tout près, sous le portique de la caserne des tirailleurs, le réveil sonne, rauque d'abord, comme une voix endormie, puis clair et impérieux.

Aussitôt la grande porte grince et s'ouvre. Le va-et-vient commence.

Chez nous, ce sont les infirmiers en babouches arabes qui se lèvent.

Après un instant, on frappe à ma porte, seulement poussée ; le règlement, appendu là, au mur, interdit de s'enfermer pour la nuit. C'est Goutorbe, grand garçon blond et silencieux, qui apporte le quart de café, avec toujours la même question :

— Eh bien, Madame, ça va-t-il aujourd'hui ?

Je me lève bien péniblement encore, et contrairement aux conseils du bon docteur, qui crie beaucoup et qui tempête, mais qui finit toujours par me laisser faire.

Ma tête tourne un peu, mes jambes sont molles ; mais cette sorte d'ivresse est douce, et mon esprit semble se sublimer, devenir plus apte à recevoir les impressions joyeuses de ces heures de convalescence.

Ce matin, je suis allée m'accouder au mur d'enceinte et, par les créneaux, j'ai regardé Eloued...

Aucune parole ne saurait rendre l'amère tristesse de cette impression : il m'a semblé que je regardais un paysage quelconque, par exemple celui d'une ville inconnue, n'importe laquelle, vue du pont d'un navire pendant une courte escale. Le lien profond qui m'attachait à ce ksar, à ce Souf dont j'eusse voulu faire ma patrie, ce lien presque douloureux m'a semblé rompu pour jamais. Je ne suis plus qu'une étrangère ici...

Vraisemblablement je partirai avec le convoi du 25, et ce sera fini... fini peut-être pour toujours.

Et, pour fuir cette morne tristesse, je me suis éloignée de ce créneau, pour ne plus voir que le « quartier » et sa vie spéciale, toujours la même.

———

Nous avons ici, pour le moment, un tirailleur, grand kabyle maigre, au profil osseux, aux yeux caves et enflammés. Le docteur dit que cet Omar est fou... Les Arabes disent qu'il est devenu marabout.

Toute la journée, il erre dans la cour, la tête baissée, son chapelet à la main. Il ne parle à personne et ne répond pas aux questions.

Quand, au hasard de nos promenades, Omar me rencontre, sans un mot, il prend ma main et nous marchons ainsi, lentement, dans le sable lourd... De temps en temps le tirailleur me parle, quand nous sommes loin des importuns. Ses idées sont sans suite, mais il ne divague pas trop. Il est très doux et je me suis habituée à lui.

— Si Mahmoud, il faut prier ; il faut, quand tu seras parti, t'en aller dans une zaouïya et prier...

Marseille, 12 mai 1901.

Quitté Batna le lundi 6 mai, à 4 heures du matin.

Matinée calme, clair de lune, grand silence dans les rues. Descendu jusqu'à la porte de Sétif avec Slimane, Labbadi et Khelifa... Courte station sur un banc de l'avenue de la gare, avec Slimane. Retourné une dernière fois pour voir la chère silhouette rouge déjà presque indistincte dans l'ombre (1).

(1) Ces notes, retrouvées sur une feuille volante, portent

La campagne, de Batna jusqu'à El-Guerrah, est triste et pauvre... Au delà richesse inouïe de coloris et de teintes : coquelicots jetés en taches de sang dans le vert sombre des champs en herbe, glaïeuls rouges, anémones, bleuets, puis taches d'or des colzas... semblables à mon champ, là-bas, sur la route de Lambèse, au 4e kilomètre où je venais, les clairs matins d'avril, avec mon pauvre Souf fidèle... Où est Batna, la ville d'amertume et d'exil que je regrette aujourd'hui, parce que le pauvre ami au bon cœur aimant et fidèle y est resté ? où est Souf ? où est Khelifa ? où sont toutes ces pauvres choses rapportées d'Eloued, souvenirs pieux de notre maison de là-bas ?...

...Arrivée à Bône à 3 heures. Impression intense des jours de jadis chez Khoudja, dans l'étroite cour bleue où tant de fois aussi maman est venue s'asseoir.

Rappels de jadis pendant tout le séjour, sauf le dernier jour. Impression de rêve laissée par cette ville dont je n'ai rien revu, sauf cette demeure arabe et la silhouette du départ.

... Interrompu ces tristes notes par un brusque reflux de tout le désespoir que me cause la séparation d'avec Ouiha... Comment vivre sans lui,

en indication : « Notes à recopier dans le cahier commencé à l'hôpital d'Eloued. »

Dieu sait combien de temps, exilée, sans logis, moi qui avais pris l'habitude d'avoir un chez moi, si modeste qu'il fût !

Journées d'ennui et d'oppression à Bône, me débattant contre l'angoisse d'avoir laissé Slimane, et contre un sentiment persistant de l'irréalité de ce qui m'entourait. Départ en hâte fébrile sur *le Berry*, sous le nom de Pierre Mouchet. Passé à Bône les journées du 7, du 8 et du 9. Embarquée le 9 à 3 heures. Partie vers 6 heures. Regardé la silhouette jadis si familière, maintenant à jamais étrangère, et le quai, et les remparts, et l'Edough, et Saint-Augustin, et la verte colline sacrée aux sombres cyprès funéraires.

Ce dernier retour à Bône ressemblait à un rêve, tant il fut furtif et court, agité et tourmenté surtout.

...Premier instant, assise près du treuil, sous ma misérable défroque de matelot, sur mon baluchon ; tristesse profonde, déchirement de quitter la sainte terre d'Afrique, de m'éloigner d'Ouiha et d'être si pauvre, si seule et si abandonnée sur terre.

Songé aux décors de jadis, costumes de matelot arborés par goût, aux jours de prospérité...

Commencé à sommeiller sur une pensée apaisée déjà, par habitude de souffrir... « Eden-Purée » ont écrit des soldats sur la porte du bordj de

Kef-Eddor... On peut trouver plaisir à blaguer sa misère. Violent orage, pluie, erré avec mon baluchon mouillé sur le pont, enfin, trouvé un refuge sous la passerelle d'avant avec les Napolitains et le vieux du Japon à la kachebia noire. Nuit assez bonne. Dormi jusqu'au vendredi, vers 4 heures du soir. La tempête commence. Restée couchée dans l'eau, près du vieux Napolitain hideusement malade. Accès de mal de mer. Transporté mes pénates derrière le treuil de l'ancre, sur un tas de cordages. Nuit épouvantable. Embarqué d'énormes paquets de mer par l'avant, giclant sur moi. Demi-délire toute la nuit, craintes sérieuses d'un malheur. La grande voix d'épouvante, la voix furieuse du vent et de la mer, a hurlé toute la nuit, terrible. Des raisonnements désespérément lucides de cette nuit, un frisson m'est resté :

C'est la voix de la Mort, et c'est elle qui rage contre la petite chose secouée et torturée, ballottée comme une plume sur l'immensité mauvaise.

Etonnante attention à faire des phrases, à chercher des mots, comme pour écrire, en ces heures d'angoisse et de souffrance physique : mal de mer, crampes à l'estomac et au côté, froid glacial, fatigue, mal des reins à force de me raidir sur les cordages mouillés et durs...

Arrivée par une après-midi claire. Débarqué au môle, monté sagement en tramway et, de la Magdeleine, à pied, avec mes baluchons, péniblement, essoufflée, à bout de forces.

Epouvante de ne pas trouver de nouvelles de Slimane. Eu, la nuit, brusque réveil tellement angoissé que j'ai failli réveiller Augustin (1). Matinée sans un seul instant de repos jusqu'à l'arrivée de la dépêche d'Ouiha : il vit et ne m'oublie pas. Cela me rend courage pour subir cette nouvelle épreuve, la plus cruelle de toutes : la séparation.

Ici, je suis heureuse — non pas pour moi — de trouver sinon l'aisance large, au moins la sécurité d'un certain bien-être...

... Les impressions de mon séjour en novembre 1899 sont revenues vivaces. Tout à l'heure j'entendais sonner les lourdes cloches à renversement de Marseille : souvenir des journées ensoleillées où nous arrivions, Popowa et moi, dans cette ville que j'aime d'un drôle d'amour, et que je n'aime pas à habiter... Course au château d'If, course à Saint-Victor, un matin de noces... Claires journées d'automne provençales, si lointaines déjà !

Mais qui me rendra mon « bled » éternellement ensoleillé, et nos blanches zaouïyas, et les calmes maisons voûtées, et les horizons infinis des

(1) Augustin de Moërder, frère d'Isabelle Eberhardt.

sables, et « Rouïha kahla », et les bons domestiques fidèles, et Souf, mon humble et fidèle compagnon, et Belissa la malicieuse, et mes lapins, mes poules, mes pigeons et tout l'humble trantran de notre paisible existence de là-bas ? Qui rendra au pauvre exilé son toit et à l'orphelin sa famille?...

Souvenirs d'Éloued

Marseille, 16 mai 1901.

Sensations du soir, en Ramadhane, à Eloued. Je contemplais, accoudée au parapet en ruines de ma terrasse fruste, l'horizon onduleux du vaste océan desséché et figé qui, des plaines pierreuses d'El M'guébra, s'étend jusqu'aux solitudes sans eau de Sinaoun et de Rhamadès; et, sous le ciel crépusculaire, tantôt ensanglanté, ou violacé, ou rose, tantôt sombre et noyé de lueurs sulfureuses, les grandes dunes monotones semblaient se rapprocher, se resserrer sur la ville grise aux innombrables coupoles, sur le quartier paisible des Ouled-Ahmed et sur la demeure close et silencieuse de Salah ben Feliba, comme pour nous saisir et, très mystérieusement, nous garder à jamais... O terre fanatique et ardente du Souf! Pourquoi ne nous as-tu pas gardés, nous qui t'avons tant aimée, qui t'aimons encore et que hante sans cesse ton nostalgique et troublant souvenir?

Dans le quartier sud-est d'Eloued, au fond

d'une impasse donnant sur la rue des Ouled-Ahmed, qui aboutit au cimetière du même nom, il était une vaste maison à terrasse, la seule de la ville aux coupoles. Une vieille porte chancelante, aux planches disjointes, et toujours fermée, en défendait l'entrée. Cette maison, déjà ancienne, bâtie, comme toutes les demeures du Souf, en pierres calcaires, à grand renfort de plâtre gris jaunâtre, possédait une vaste cour intérieure, où réapparaissait le sable pâle du désert environnant.

Là, dans cette demeure, ayant appartenu jadis à Salah ben Feliba, frère de l'ancien caïd des Messaaba, actuellement passée entre les mains d'un vieux Chaambi, habitant près d'Elakbab, se sont écoulés les jours d'abord les plus tranquilles, ensuite les plus étrangement, les plus mélancoliquement troublés de mon orageuse existence.

Ce furent d'abord les heures de quiétude de Chaabane et de Ramadhane: journées passées aux humbles travaux du logis ou en courses aux grandes zaouïya saintes, sur mon pauvre Souf fidèle, nuits d'amour et de sécurité absolue, dans les bras l'un de l'autre — selon l'expression si juste de Slimane — aubes enchantées, calmes et roses, après les nuits de prière de Ramadhane, crépuscules ardents ou pâles, durant lesquels, du haut de ma terrasse, je regardais le soleil disparaître derrière les crêtes élevées des énormes dunes de la route d'Oued-Allenda et de Taïbet-Gueblia, où j'étais allée me perdre un matin...

J'attendais que la grise coupole du marché d'abord, puis l'éblouissant minaret blanc de Sidi Salem, se fussent décolorés; que sur sa face occidentale se fût éteint le rayonnement rose du couchant... Alors, de très loin, de la mosquée des Ouled-Khelifa, puis de celle d'Azèzba, commençait à monter la plainte traînante et sauvage du moueddhen : « Dieu est le plus grand ! » disait-il, et de toutes les poitrines oppressées s'échappait un soupir de soulagement... Immédiatement la place du marché se vidait et devenait silencieuse et déserte.

En bas, dans la chambre grande ouverte, assis en face l'un de l'autre, leurs cigarettes à la main, avec, entre eux, la caisse de bois nous servant de table, Slimane et Abdelkader attendaient en silence cet instant... Et moi, souvent, je m'amusais à les décourager, leur criant que Sidi Salem était encore tout rouge. Slimane se répandait en imprécations contre le moueddhen — mozabite, disait-il — des Ouled-Ahmed, qui prolongeait le jeûne outre mesure. Abdelkader me « chinait », selon son habitude, m'appelant « Si Mahfoudh ». Khelifa et Aly attendaient leurs pipes à la main, l'une de kif et l'autre d'ar'ar, et Tahar versait la soupe dans le plat, pour ne pas avoir à attendre.

Et moi, mélancoliquement, je prolongeais mon jeûne, fascinée par le spectacle unique d'Eloued, pourpre d'abord, puis rose, puis violacé, puis, enfin, après l'extinction rapide de l'incendie occidental, d'un gris uniforme...

D'autres fois, en dehors du jeûne, sortant à l'heure du couchant pour aller attendre « l'homme en veste rouge », je m'asseyais sur la borne qui est près de la porte du spahi Laffati, tout au fond du vaste rectangle qui sépare le quartier et le bureau arabe de la ville, en face du grand vide du désert, commençant par la dune basse des fours à chaux et continuant par les dunes coniques de la route d'Allenda. Là-bas, dans l'incomparable flamboiement de l'horizon, des silhouettes grisâtres apparaissaient, sur la dune des fours à chaux, et se déformaient, se profilant sur le ciel pourpre, devenaient géantes...

Puis, de la porte éternellement gardée, devant laquelle déambulait le petit tirailleur bleu, baïonnette au canon, sortait l'ombre toute rouge que jamais je ne vis apparaître sans un certain élan, sans un frisson de mon cœur, doux à la fois, un peu voluptueux et étrangement triste... Pourquoi ? Je ne saurai jamais.

Là, sur cette pierre, j'étais assise, un soir déjà obscur, quand surgit soudain de l'ombre, tout près, l'étrange petite Hania, la fille de Dahmane, avec son rire perlé et équivoque —

son rire à lui — et la tristesse sensuelle de ses yeux. Enveloppée de ses haillons bleus et rouge sombre de Soufia, elle portait du bois à la maison d'Ahmed ben Salem...

... C'est aussi de cette tranquille demeure de Salah ben Feliba qu'après la nuit du vingt-huit janvier, qui fut la dernière que j'étais destinée à passer sous mon toit, je partis, mélancolique, me sachant déjà exilée, mais bien calme, pour la sinistre Behima (1), dont la silhouette fatale est restée gravée dans ma mémoire telle qu'elle m'apparut du haut des dernières dunes. Au bout d'une immense plaine désolée, semée de tombes, semblable à celle de Tarzout, des murailles grises, et, dominant tout, un immense palmier solitaire... Le tout se profilait sur l'horizon gris fuligineux de cette après-midi d'hiver où le chehili (siroco) violent faisait fureur, emplissait les dunes de vapeurs et remuait sur leurs flancs les grands suaires de sable mouvant...

*
* *

... Impressions de malaise, dans le Souf, à l'automne. — Loin des jardins en entonnoirs profonds, loin des « sehan » de la route de Debila.

(1) Behima, village du Souf où Isabelle Eberhardt fut blessée.

Rien, sur cette terre, ne saurait accuser la fuite du temps et les changements de saison. Automne, hiver, printemps, été, tout se confond et passe uniformément sur les solitudes mortes des dunes, éternellement pareilles, à travers le silence lourd des siècles.

Là, jamais une voix humaine ne vient troubler de sa plainte ou de son chant — encore très semblable à une plainte — le silence, sauf la grande voix marine du chehili bruissant, roulant les minces vagues grises, ou celle, à peine perceptible, du « bahri » frais inutilement, car rien ne saurait rendre la vie aux solitudes sans eau.

Le ciel, moins incandescent, plus transparent, plus azuré, la lumière plus blanche du soleil, les ombres moins durement noires, et, dans l'air, une légèreté spéciale: voilà les seuls signes à quoi l'on peut reconnaître que l'automne est arrivé, que les mornes journées d'accablement sont finies, et que la vie renaîtra bientôt dans les jardins.

L'alfa coriace repousse dans le dédale des dunes, sauf sur cette route lugubre d'Allenda et sur celle de Bar-es-Sof, et des cœdum grêles s'étiolent... De fleurs, nulle part... Dans les jardins, le bahri revenu secoue la poussière des palmiers qui retrouvent leur vert éclatant, les carottes, les felfel (poivrons), les nana (menthes) et autres herbes éphémères déploient un luxe de vert inouï, tandis que tombent les dernières feuilles roussies des grenadiers, des figuiers et des rares pieds de vigne, et que concombres, melons et pastèques reparaissent... Les oiseaux aussi font leur apparition, hirondelles rapides venues pour l'hivernage. Les soirées, plus vite obscures, sont mélancoliques, les couchers de soleil s'accomplissent en de plus tendres horizons et les matins — l'heure bénie au désert, l'heure où l'on se sent léger, léger et heureux de vivre — sont plus frais et plus tardifs...

Mais l'aspect figé du Souf reste toujours irrévocablement le même. Seuls, quelques détails et la lumière ont changé. Mais l'horizon houleux, la couleur indéfinissable des sables, le silence et la solitude, tout cela ne changera jamais... Impression de vague malaise et de plus grande tristesse à songer qu'ailleurs la nature prête à s'endormir se pare de dernières splendeurs, alors qu'ici elle semble se recueillir seulement...

*
* *

... Que dire, que chanter sur les couchers de soleil au désert ? Où prendre des mots suffisants pour en fixer la splendeur, pour en exprimer le charme, la mélancolie et le mystère ? Dans mes

« journaliers » d'alors, j'ai noté — bien imparfaitement — plusieurs de ces instants sublimes...

Combien de fois, pendant les attentes du Ramadhane surtout, mes yeux émerveillés ont contemplé ce spectacle sans nom ! combien de fois, tandis que l'astre tyrannique disparaissait derrière les dunes, mon cœur ne s'est-il pas serré voluptueusement, délicieusement, tristement...

Il me souvient du soir où j'étais allée, sur mon Souf nu et fougueux, chercher la selle du deïra Abdelkader Belahlali, dans les Messaaba, à l'ouest de la ville, sur le bord de la route d'exil, dans la direction de Touggourt et de Biskra, et où j'assistais, émerveillée, à d'inusitées splendeurs d'apothéose...

Une autre fois, revenant de ma longue course à la recherche de Sidi Elhussine, sur la route de Bar-es-Sof, je m'étais arrêtée, prise d'une religieuse admiration, sur la crête de la dune dominant les Ouled-Touati... Que de détails me sont visibles ! le village paisible, la construction en ruines ou inachevée, élevée d'un étage, avec une singulière galerie ogivale au premier, solitaire sur cette route qui mène à tout le grand inconnu, à tout le troublant et attirant mystère du Sahara et du Soudan lointain. Et comme je m'attardais devant les basses maisons couvertes d'une série de petites coupoles, les zériba en djerid desséché !... Quelques silhouettes : des chameaux couchés, avec leur air résigné et rêveur, le dos surmonté du bât conique en lattes de bois ; un grand dromadaire gris, debout, immobile, une patte relevée et attachée, selon la coutume ; de rares femmes en haillons bleus, presque noirs, de forme hellénique, rentrant au logis courbées sous le poids des lourdes « guerba » ou des jarres semblables aux amphores dans lesquelles, des milliers d'années avant elles, les femmes de la race prédestinée de Sem puisaient l'eau des fontaines chananéennes... Tout cela dans les lueurs roses, irisées, nacrées, au ras du sol blanc de l'immense plaine des Ouled-Touati...

Un soir, après une courte promenade et une station dans l'ombre des palmiers bas du Chott de Debila, subitement Souf s'était révolté, refusant de se laisser monter et m'obligeant à le mener jusqu'à l'abattoir d'Eloued pour m'élancer sur lui d'une voûte basse.

J'étais rentrée seule, obliquant depuis le village Kadry et miraculeux de Doueï Rouha vers la droite, et j'avais pris les sentiers périlleux dominant vertigineusement les jardins, serpentant, étroits, sur des crêtes aiguës.

A l'heure où l'eddhen du mogh'reb venait de se taire et où les croyants commençaient à prier en groupes neigeux, je passai devant la petite mosquée des Ouled-Kelifa ou des Messaaba R'arby (je ne sus jamais au juste leur position respective, et elles sont voisines). Autour de moi tout rayonnait de pourpre et d'or, et mon cœur aveugle d'être éphémère, plongé dans les ténèbres, était tranquille...

Et tant d'autres soirs passèrent jusqu'à celui déjà angoissé où, en hâte, au grand trot allongé du cheval de Dahmane, je traversai les Ouled-Ahmed, les Ouled-Touati, El-Beyada et Élakbad, me rendant chez Sidi Eliman pour lui demander secours... Je vois encore la grande zaouïya délabrée, la plus vieille du Souf, se dresser sur sa colline basse, avec ses deux koubba symétriques, le tout éclairé obliquement de lueurs lilacées, encore à peine roses. Soirée d'un calme étrange, enchanté, entre les angoisses de ces jours d'avant l'exil...

Et encore, ce mogh'reb antérieur, où, le cœur étreint d'une inquiétude touchant à l'épouvante, j'attendais Slimane, sur la dune qui domine, à l'Ouest, les lugubres cimetières chrétiens et israélites et, à l'Est, la paisible nécropole des Ouled-Ahmed... Les misbah des nuits saintes et fatidiques de vendredi s'allumaient, flammes jaunes et falotes dans l'embrasement immense de l'heure ; et le fidèle Aly errait, ne sachant que faire des burnous de Slimane, entre les tombes...

*
* *

...Le dernier coucher de soleil au désert fut aussi notre dernier adieu au Sahara... Seuls, nous allions entrer sous les ombrages des palmeraies de la vieille Biskra, quand je priai Slimane de s'arrêter et de tourner bride. Derrière nous, l'immensité du Sahara s'étendait encore, déjà assombrie. Le disque du soleil, rouge et sans rayons, descendait vers la ligne presque noire du désert, au milieu d'un océan de pourpre. « C'est notre patrie, » dis-je, et j'ajoutai : « In châ Allah ! nous y reviendrons bientôt pour ne plus la quitter. » « Amin ! » dit-il, oppressé comme moi et triste de quitter cette terre, la seule où nous eussions voulu mourir...

Depuis lors, je n'ai plus revu la féerie du mogh'reb au Désert. — La reverrai-je jamais ?...

*
* *

... Ciels d'hiver, gris ou noirs, au-dessus des dunes livides où coulent les sables morts et qui ne participent plus que de la vie capricieuse des vents !

Matins brumeux, senteurs salines des sables humides, paix des choses et renaissance des êtres... Je m'y attardais aux jours d'internement et de captivité quand, du haut de la terrasse du docteur, je regardais d'un œil amical mon fidèle Souf que j'allais quitter, et qui déjà n'était plus pour moi qu'une bête étrangère à ma vie.

A droite, par delà la cour où Souf, côte à côte

avec le cheval du docteur, mangeait son orge du soir, le mur hérissé de verre brisé du poulailler, le nouveau puits que des prisonniers étaient en train de forer, les travaux gardés par un deïra, le grand bâtiment rectiligne et gris de l'école, « le collège », comme on dit là-bas, puis les dunes...

En face, la vaste cour du quartier... Les subsistants, les tirailleurs, la chambre du brigadier français, la place où tant de fois j'attendis la rentrée de Slimane, que je voyais venir quand il quittait la maison du caïd des Messaaba; puis les voûtes des écuries avec les chevaux aux robes variées devant lesquels erraient quelques burnous rouges... Je savais que, parmi ces silhouettes familières, jamais plus ne repasserait celle que, par habitude, mes yeux devaient chercher longtemps... Le mur du bureau arabe, les locaux disciplinaires, avec la cellule sinistre où je savais Abdallah ben Mohammed (1), le poste de police où nous avions fumé le kif avec les braves turcos un soir de détresse, Slimane et moi; la porte avec le banc où se tenaient assis les hommes de garde... puis mon hôpital, le long bâtiment à toit en pente légère, avec, en face, la « Salle des macchabées », la buanderie et la salle de bains... tout au milieu de la cour déclive, le bâtiment

(1) Abdallah ben Mohamed, le fanatique qui avait frappé Isabelle Eberhardt d'un coup de sabre.

écrasé et large de l'intendance, puis l'abreuvoir et le lavoir. Là, des gazelles captives erraient, gracieuses, se jetant en arrêt devant les agaceries des soldats...

*
* *

...Et voici encore des silhouettes connues : le lieutenant Lemaître qui crie devant les locaux disciplinaires, avec des mots arabes de contrebande ; le lieutenant Guillot, sanglé dans son corset, passant le long de l'hôpital pour rentrer chez lui ; le sergent Othman, brute épaisse assommant le malheureux petit chien sloughi du détachement ; le cabot français, à tête de garçon boucher marseillais, côte à côte avec le pesant Isoard ; puis le tirailleur fou, longue silhouette bleue, sous sa pèlerine, errant silencieux, son chapelet de Sidi Ammar à la main ; enfin les spahis, montés sans selle au retour de l'abreuvoir, et leur défilé connu que n'accompagnera plus jamais le marabout Slimane, comme ils disaient...

Les voilà tous, le brigadier Saïd, un peu voûté, homme de foi et de devoir, comme courbé sous le joug, pas bien lourd à Eloued, de la discipline ; le vieil embêteur et demandeur Slami, affairé, jouant le brigadier ; le traître Embarek, avec sa beauté blonde et son air fou ; le caoued imbécile Saïd Zemouli, invoquant sans doute, en ce moment comme en tout autre, sa Bent Elhadid; l'ivrogne Mansour, avec son air blagueur; Ben Chaâbane, fureteur et servile; Zardy, tranquille et doux; Aly Chaambi, à l'air équivoque de belle fille aux yeux passés au khol; le vieux froussard Nasr ben Ayéchi; l'abruti Hannochi, courbé, les bras ballants; le grand Saouli; l'arrogant Sadock, marié chez Ben Dif Allah; l'assassin Tahar ben Meurad, à l'air doux et bon enfant; Amor, le tailleur, beau garçon au teint blanc; le lourd Saoudi des Ouled Darradj; l'ignoble valet Slimane Bou-Khlif, au nez de pochard et aux yeux de voleur, et l'antinaturel Laffati, à la barbe de nabab hindou, à l'air insolent, époux bénévole de Chaamba; et enfin, seul comme toujours, faisant bande à part, la forte tête du détachement, l'ivrogne et l'homme à filles Dahmane ben Borni, à l'air farouche et renfermé de bandit... Les voilà bien tous.

Voilà aussi Khelifa, lent sous ses vastes burnous et ses gandoura superposées innombrables, sa pipe et son chiffon rempli de kif dans la tabourcha de son burnous, menant par la bride Souf qui courbe la tête, secouant sa courte crinière et sautillant gaîment, sachant bien qu'après l'eau, c'est le régal d'orge.

Tout cela défile devant moi, sous le ciel qui se rembrunit, à mesure que s'approche le soir et que s'éclaire l'Occident d'une lueur sulfureuse. Et alors une tristesse immense plane sur la terre de Cham, tandis que descend la nuit d'hiver, et que les voix blanches des moueddhen clament l'appel vers Dieu, pour protéger les créatures contre le mal qu'Il créa, contre le maléfice de la nuit qui tombe, contre celles qui soufflent sur des nœuds de corde (qui font des sortilèges), contre l'hypocrisie du traître flatteur, contre les hommes perfides.

... Hiver sinistre de là-bas, car il enlève à ce pays sa gloire et sa splendeur : la lumière triomphante et profuse de son soleil.

*
* *

... Oh ! le doux assoupissement des sens et de la conscience, dans la monotonie de la vie aux pays du soleil ! Oh ! la douce sensation de se laisser vivre, de ne plus penser, de ne plus agir, de ne plus s'astreindre à rien, de ne plus regretter, de ne plus désirer, sauf la durée indéfinie de ce qui est ! Oh ! la bienheureuse annihilation du moi, dans cette vie contemplative du désert !.. Parfois cependant il est encore de ces heures troublées où l'esprit et la conscience, je ne sais pourquoi, se réveillent de leur longue somnolence et nous torturent,.

Combien de fois n'ai-je pas senti mon cœur se serrer en songeant à ma vocation d'écrire et de penser, à mon ancien amour de l'étude et des livres, à mes curiosités intellectuelles de jadis... Heures de remords, d'angoisse et de deuil. Mais ces sentiments n'ont presque jamais d'action sur la volonté qui reste inerte et n'agit point... Puis la paix et le silence ambiants nous reprennent et, de nouveau, recommence pour nous la vie contemplative, la plus douce, mais aussi la plus stérile de toutes. « Tu enfanteras dans la douleur, » fut-il dit à la première femme, et pareille obligation pesa sans doute sur les destins du premier Prométhée de la pensée, du premier Héraclès de l'art. Une voix secrète a dû lui dire : Quand ton esprit ne sera pas à la torture, quand ton cœur ne souffrira pas, quand ta conscience ne te fera pas subir d'interrogatoires sévères, tu ne créeras pas...

Inerte reste ma main et silencieuses mes lèvres. Pourtant je comprends bien la fatalité universelle ; c'est la brûlure délicieuse et torturante d'aimer qui fait chanter l'oiseau au printemps, et les immortels chefs-d'œuvre de la pensée sont issus de la souffrance humaine...

*
* *

...Avant d'arriver à M'guébra, cheminant à côté de Souf, je vis, vers ma droite, au Nord, s'accumuler à l'horizon de lourdes nuées d'un gris bleu d'acier, de formes étranges.

— Tiens, dis-je au tirailleur, ne dirait-on pas des montagnes ?... Mais est-ce qu'il y a des montagnes dans le désert, sauf les dunes de sable!

Plus loin, entre M'guébra et Chegga, nous vîmes le vent dissiper ces nuées et l'Aurès nous apparut tout à coup bleuâtre et sinueux se profilant sur un ciel pâle. Je ne m'étais pas trompée... Mais, moi aussi, j'avais perdu la notion des montagnes, perdu aussi celle de la terre, dans l'immensité des dunes de sable blanc, fin et léger comme de la poussière...

Eprouvé une sensation étrange en retrouvant de la vraie terre...

A Batna, impression vague mais délicieuse d'abord, de revoir des grands arbres, de la verdure, des champs et des prairies... puis, bientôt, insondable tristesse et nostalgie intense du sable et des palmeraies.

*
* *

Jamais l'ombre épaisse et pesante des forêts n'égalera la splendeur fine et la grâce déliée des ombres ténues des palmes courbées en dômes sur le sable blanc! Jamais les rayons de la lune ne se joueront aussi magiquement entre les trouées grossières des chênes ou des hêtres qu'ils se jouent entre ceux, graciles, semblables à de fines colonnes torses, des dattiers élancés et sveltes! Jamais le murmure des feuilles molles n'égalera celui, métallique et musical, des djerid argentés ! Jamais l'eau des ruisseaux abondants ne grisera une poitrine oppressée comme celle des puits frais, la nuit, après la torride journée ! Jamais aucun jardin d'ailleurs n'égalera en grâce et en splendeur les « rhitan » profonds du Souf où s'assemblent les palmiers choisis, de grandeurs diverses, depuis les palmiers nains, depuis les jeunes sujets aux immenses feuilles arquées, jusqu'aux géants vénérables, souvent inclinés au-dessus de la verte famille environnante... Jamais les plus riches vergers ne donneront une idée de ces jardins en août, quand les lourds régimes se colorent, selon les espèces, les uns en jaune de toutes les nuances, les autres en rose vif, en carmin, en pourpre velouté, sous le réseau — poussiéreux au-dessus, d'un vert ardent et argenté en dessous — des djerid (palmes) flexibles...

*
* *

... Les jardins du Souf sont de vastes entonnoirs creusés de main d'homme entre les dunes et de profondeur variable selon le degré de profondeur de la couche d'eau souterraine. Il en est sur la route de Debila, sur celle de Zgoum, sur celle de Guemar et de Touggourt, aux environs de Teksebat et de Kouïnine, qui sont à fleur de terre. D'autres, vers le Sud surtout, sont de véritables abîmes où l'on n'accède que par de petits sentiers serpentins. Il en est aussi de très profonds au nord-ouest de la ville, près de Sidi Abdallah et de Gara.

L'architecture de ces jardins encavés est assez curieuse. D'un côté, ils offrent une pente accessible, et là se trouvent les puits à armature en troncs de palmiers, à bascule et contrepoids, avec, d'un bout, une grosse pierre attachée par une corde et, de l'autre, une « oumara » en cuir, sorte de panier plat suspendu au bout d'une corde. Autour des puits on voit des cultures potagères, les jeunes palmiers et les espèces basses. Les plus hautes se trouvent vers les murailles presque perpendiculaires opposées aux puits et dont la crête est hérissée de djerid pour empêcher l'ensablement.

... Pays à nul autre semblable : en été, la nuit, l'oreille du voyageur y est frappée par une voix immense, plaintive et douce, qui s'élève des entonnoirs innombrables : ce sont les ouvriers Souafa qui désensablent les jardins, remontant patiemment le sable lourd dans des couffins, sur leurs épaules... Chaque nuit, ce travail de fourmis est fait, et, le lendemain, le vent éternel du Souf vient anéantir le labeur nocturne. Dans le grand silence des nuits tièdes, ce chant plaintif, en notes mineures, porte avec lui un étrange frisson de tristesse, presque une anxiété...

... Là-bas, très loin, au delà de la mer bleue, au delà du Tell fertile, de l'Aurès morose et des grands chotts qui doivent se dessécher, il y a la terre brûlée, la terre ardente et resplendissante du Souf, où brûle la flamme dévorante de la Foi, où, à chaque pas, s'élève une mosquée, une koubba ou un maraboutique et miraculeux tombeau, où le seul bruit religieux est l'eddhen musulman, cinq fois répété, où l'on prie et où l'on croit... Il y a la maison aimée de Salah ben Feliba et tout le décor familier, immuable dans ce pays sublimement fanatique. Il y a des hommes en burnous rouges qui, à la brume, rentrent dans les demeures grises à coupoles, ou qui s'assemblent sur des nattes dans le café de Belkassem Bebachi. Il y a les zaouïya saintes et leurs chefs vénérés...

⁂

Tout y est, mais nous n'y sommes plus, dans notre pays aride, où seule la Foi mystique fleurit, pour l'admirer et pour l'aimer...

Plus près, — mais combien loin de moi, hélas! pourtant — il y a, dans une vallée triste, à l'ombre des grands monts Chaouïya, une petite cité toute française, banale, où l'on ne voit que casernes, hôpital, prison et autres édifices administratifs et militaires, où l'on ne rencontre que spahis, zouaves, tringlots et artilleurs (1). Dans cette ville, dans le faubourg du camp, il est une vieille maison à un étage, et, devant, dans la

(1) Batna.

fourmilière des chambres habitées par des spahis et leurs femmes, tout près de l'escalier où l'on n'entend que cliquetis de sabres et d'éperons, il est deux misérables pièces donnant sur les toits voisins et le rempart de la ville...

Dans cette maison se sont écoulés presque deux mois de ma vie, deux mois qui me semblèrent plus de deux années...

Et dans cette ville il y a un être que je chéris...

Et cependant ils me semblent bien irréels, ces décors africains; ils me semblent n'avoir été que de vaines rêveries, des visions fugitives, et la personnalité elle-même de Slimane ne me semble pas toujours bien réelle non plus...

Quant aux autres pays de la terre où s'est écoulé mon passé orageux et troublé, ceux-là, ils me semblent n'avoir jamais existé en dehors de mon imagination !... Du pont du *Berry*, regardant la colline sacrée du cimetière de Bône, malgré un violent effort de ma volonté, je ne parvenais point à me donner la sensation réelle et poignante que maman était bien là, endormie dans la tombe depuis quatre années... Et il me semblait que jamais je n'avais habité Bône, et que cette ville m'était tout aussi étrangère et indifférente que n'importe quelle autre !

... Souvent, depuis que j'ai quitté Slimane, j'ai ressenti un désir torturant de franchir la distance qui nous sépare, le besoin absolu, intime, de l'avoir près de moi, lui et rien que lui, et l'irrémédiable désespoir d'être exilée, de ne pouvoir courir à lui, une soif âpre et douloureuse d'entendre sa voix, de voir son regard se poser sur le mien, de sentir sa présence, d'éprouver encore cette sensation d'absolue sécurité qui nous est commune.

Combien durera l'exil?...

*
* *

... Que serait, sur la scène d'un théâtre ou dans un salon, le chant triste et sauvage, le grand chant libre du chamelier déambulant dans le désert à la suite de ses chameaux lents?

A Stah-el-Hamraïa, dans la grande salle fruste du bordj, à demi couchée sur un tellis, j'écoutai, le soir, le deïra Lakdar, l'un des Khallassa et Brahim chanter les chants libres et sauvages du Sahara, pour la foule attentive massée autour d'eux.

Tapant à contre-temps sur une vieille caisse en fer-blanc, Lakhdar, ivre comme toujours, chantait avec passion... Et ce chant était empreint de toute la grande poésie mélancolique de la vie errante au désert.

Je me souviens aussi de ceux que j'écoutais, assise avec les chameliers dans le coin de la cour du bordj de Bir-bou-Chahma, près du feu où cuisait le souper, en plein air. La nuit était obscure, et les voix sonnaient étrangement dans cette cour du bordj, le plus isolé et le plus triste de tous, sur cette route déserte.

Là, avec une volupté intime, je songeais à l'étrangeté charmeuse de ma situation et au bonheur d'être vagabond et errant, l'un de ceux que j'ai le plus vivement ressentis.

...Hélas! aucun foyer, pas même celui qui est bien à moi, mon humble foyer de pauvre, ne saurait me remplacer mon Sahara, mon horizon vague et onduleux, mes doux levers d'aurore sur l'infini grisâtre et mes couchers de soleil ensanglantant les petites villes croulantes aux noms étranges, mon pauvre Souf, inoubliable, l'humble compagnon de mes courses solitaires dans le cher pays dont je lui donnai le nom, ma défroque saharienne, ma liberté et mes rêves!

∴

Fait cette remarque au sujet de *Netotchka Neswanova* que Dostoïewsky, le peintre par excellence de la douleur, le romancier des âmes morbides, aimait et savait, mieux que personne, peindre les âmes enfantines, celles surtout des enfants malheureux, en son perpétuel apitoiement sur la souffrance. De tous les personnages de ses romans, il n'en est pas un qui ne soit vivant, vrai, d'une émouvante et parfois effrayante vérité. Chez lui, pas un de ces personnages pâles, de convention, qui pullulent chez d'autres auteurs réputés des « maîtres ».

*
* *

... Rien ne saurait égaler en splendeur et en mystère les nuits de lune dans le désert de sable.

Le chaos des dunes, les tombeaux, les maisons et les jardins, toutes les choses s'estompent, se fondent. Le désert, d'un blanc neigeux, s'emplit de fantômes, de reflets tantôt roses, tantôt bleuâtres, de lueurs argentées... Aucun contour net et précis, aucune forme arrêtée et distincte : tout reluit, tout scintille à l'infini, mais tout est vague.

Les dunes semblent des vapeurs amoncelées à l'horizon. Les pentes les plus proches disparaissent dans l'infinie clarté d'en haut. Les hommes vêtus de blanc marchent, tels des apparitions, à peine distincts, comme vaporeux.

... Remarqué souvent l'aspect fantastique que prenait au clair de la lune un petit pan de muraille resté debout au coin de la ruine située derrière le « quartier », au-dessus du jardin des tirailleurs. De loin, malgré moi, elle me semblait toujours une silhouette humaine dressée là, sur mon chemin, et il m'est arrivé de tressaillir en l'apercevant.

*
* *

... Souvenir déjà lointain, vieux tantôt d'une

année, d'une première nuit dans le jardin du Bir Azzély, au-dessous du cimetière chrétien.

Couchés sur le versant éclairé de la dune, dans l'entonnoir profond, nous regardions le mystère du jardin où, entre les troncs sveltes, sur le sable blanc, les rayons argentés de la lune se jouaient dans l'ombre des palmiers.

... Et l'autre jardin, celui du caïdat des Achèche, où nous avons pleuré enfantinement, pressentant bien, hélas ! en une subite et commune intuition, tous les malheurs qui devaient, des mois plus tard, nous accabler... O mystère insondé de ces presciences humaines, de ces pressentiments vagues, sans aucun fondement matériel et raisonnable, qui ne nous trompent cependant jamais !...

... Nuits de lune, limpides et mystiques, passées à courir les routes désertes du Souf !

... Celle-là encore, dans la grande cour délabrée de la zaouïya d'Elakbab, quand, attendant Sidi Mohammed Eliman, j'étais accoudée contre la petite fenêtre de la mosquée, où, sous les voûtes grises, dans la lueur mystérieuse de quelques bougies, les khouans récitaient le dikr, après la prière du mogh'reb...

Je me souviens aussi de la paix profonde, infinie, qui était descendue dans mon âme, ce soir-là, tandis que je traversais les villages maraboutiques d'Elbeyada et d'Elakbab, inondés des derniers rayons du couchant... Et cependant, en quelle angoisse, en quelles circonstances cruelles j'étais venue là ! Mais est-ce que toutes ces matérialités, toutes ces misères éphémères, touchent les âmes des initiés ? On peut, à certaines heures bénies, faire abstraction de toutes les circonstances douloureuses et se livrer à d'autres impressions, celles que nous portons en nous et celles qui nous viennent de l'Inconnu, à travers le prisme sublime du vaste Univers !

∴

...Combien misérables sont ceux qui, encrassés irrémédiablement dans les basses matérialités journalières, usent les heures brèves de la vie en de vaines et ineptes récriminations contre tous et contre tout, et qui restent aveugles devant l'ineffable beauté des choses et devant la splendeur triste de la douloureuse humanité.

Heureux celui pour qui tout ne va point bêtement et cruellement au hasard, à qui tous les trésors de la terre sont familiers, et pour qui tout ne finit pas sottement dans l'ombre du tombeau !

Il est des êtres disgraciés qui envisagent le monde sous les plus sombres couleurs et qui, de l'inépuisable Beauté, qui est l'essence même de l'Univers et de la Vie, ne voient rien.

C'est la plus déshéritée des déshérités de ce monde, une exilée sans foyer et sans patrie, une orpheline dénuée de tout, qui écrit ces lignes. Elles sont sincères et vraies (1).

Souvent, aux heures envolées de prospérité, j'ai trouvé la vie ennuyeuse et laide. Mais depuis que je ne possède plus que mon esprit toujours en éveil, depuis que la douleur a trempé mon âme, je sens, avec une sincérité absolue, l'ineffable mystère qui est répandu dans toutes les choses...

Le pâtre bédouin, illettré et inconscient, qui loue Dieu en face des horizons splendides du désert au lever du soleil, et qui le loue encore en face de la mort, est bien supérieur au pseudo-intellectuel qui accumule phrases sur phrases pour dénigrer un monde dont il ne comprend pas le sens, et pour insulter à la Douleur, cette belle, cette sublime et bienfaisante éducatrice des âmes...

Jadis, quand je ne « manquais de rien » matériellement, mais quand je manquais de tout intellectuellement et moralement, je m'assombrissais et me répandais sottement en imprécations contre la Vie que je ne connaissais pas. Ce n'est que maintenant, au sein du dénuement dont je suis fière, que je l'affirme belle et digne d'être vécue.

(1) Écrit en mai 1901, à Marseille.

Trois choses peuvent ouvrir nos yeux à l'éclatante aurore de vérité : la Douleur, la Foi, l'Amour — tout l'amour.

TABLE DES MATIÈRES

Poitiers. — Société française d'Imprimerie et de Librairie.

www.ingramcontent.com/pod-product-compliance
Ingram Content Group UK Ltd.
Pitfield, Milton Keynes, MK11 3LW, UK
UKHW020426200726
13857UKWH00002B/309

9 782012 924284